Asatrú

Um Guia Essencial para o
PAGANISMO NÓRDICO

Diana L. Paxson

Asatrú

Um Guia Essencial para o PAGANISMO NÓRDICO

Tradução:
MÁRIO MOLINA

Prefácio de
ISAAC BONEWITS

Editora
Pensamento
SÃO PAULO

Título do original: *Essential Ásatrú.*

Publicado mediante acordo com Kensington Publishing Corp., NY, NY — USA

Dados Internacionais de Catalogação na Publicação (CIP)
(Câmara Brasileira do Livro, SP, Brasil)

Paxson, Diana L.
Asatrú : um guia essencial para o paganismo nórdico / Diana L. Paxson; tradução Mário Molina ; prefácio de Isaac Bonewits. — São Paulo : Pensamento, 2009.

Título original: Essential Ásatrú
Bibliografia
ISBN 978-85-315-1603-0

1. Asatrú (Movimento religioso neopagão) 2. Cultos nórdicos 3. Neopaganismo I. Bonewits, Isaac. II. Título.

09-10186 CDD-299

Índices para catálogo sistemático:
1. Asatrú : Movimento religioso neopagão 299

O primeiro número à esquerda indica a edição, ou reedição, desta obra. A primeira dezena à direita indica o ano em que esta edição, ou reedição, foi publicada.

Edição	Ano
1-2-3-4-5-6-7-8-9-10-11	10-11-12-13-14-15-16

Direitos de tradução para o Brasil
adquiridos com exclusividade pela
EDITORA PENSAMENTO-CULTRIX LTDA.
Rua Dr. Mário Vicente, 368 — 04270-000 — São Paulo, SP
Fone: 2066-9000 — Fax: 2066-9008
E-mail: pensamento@cultrix.com.br
http://www.pensamento-cultrix.com.br
que se reserva a propriedade literária desta tradução.

Sumário

Prefácio

por Isaac Bonewits

Se você já não sabe quem é ela, é com o maior prazer que o apresento a Diana L. Paxson, amiga de longa data, talentosa voz de bardo, popular autora de ficção científica e fantástica, líder internacional do moderno movimento religioso nórdico. Talvez alguns leitores já tenham entrado em contato com sua obra, pois ela é uma lenda viva e uma das pessoas mais inspiradoras que já conheci. Por que digo isso?

Ela organizou o evento que levou à fundação da Sociedade pelo Anacronismo Criativo, a primeira instituição a desempenhar funções medievais nos Estados Unidos e a primeira instituição não pagã dos Estados Unidos a acolher de bom grado os politeístas. Ela aprendeu sobre dinâmica de grupo e desenvolvimento organizacional ao ajudar a transformá-la numa organização. As Chronicles of Westria (Crônicas de Westria), sua clássica série de romances de ficção fantástica ambientada numa Califórnia pós-eco-apocalíptica, apresentavam o quadro inspirador de uma cultura de respeito à Natureza e profundamente ligada à honra (um livro adicional, *The Golden Hills of Westria*, publicado em 2006). Ela trabalhou com Marion Zimmer Bradley na fundação do Círculo da Lua Negra, cujas sacerdotisas ajudaram a inspirar *As Brumas de Avalon*, e continuou a obra de Bradley ao escrever a série Avalon, uma contribuição fundamental ao paganismo centrado na Deusa. Também fundou a Sociedade da Trilha em Espiral (um eclético grupo religioso mesopagão sediado em Berkeley, Califórnia, que atende a homens e mulheres) e desenvolveu o programa de treinamento do seu clero.

Juntamente com outras líderes femininas como Freya Aswynn e Prudence Priest, seu trabalho com a tradição pagã do norte da Europa (gentilismo ou Asatrú) ajudou a trazer as percepções desta religião de uma trilha mesopagã sexista e racista para um caminho que é tanto espiritual quanto socialmente aberto e inclusivo, reverenciando as deusas assim como os deuses. Graças em grande parte à pesquisa e experimentação de Paxson e seus alunos, o antigo sistema do *seidh*, um estilo quase xamânico de transe oracular, está sendo praticado no século XXI.

Exatamente como os antigos povos germânicos e escandinavos eram mais do que vikings de peito peludo abrindo caminho pela Europa através de devastações e pilhagens, havia (e há) mais em sua religião que deuses guerreiros como Odin, Thor e Tyr. Tanto os antigos quanto os modernos seguidores do Asatrú veneram seus ancestrais, os espíritos da terra, das águas, do céu, e deusas como Frigga, Freyja, Iddunna, Skadhi, Nerthus e Sif, assim como os deuses.

Quando pensei pela primeira vez em criar uma série de livros que apresentassem a informação mais essencial sobre diferentes variedades da moderna religião pagã/gentílica, num formato que os transformasse em obras de referência facilmente comparáveis, o nome de Diana foi o primeiro que me ocorreu como o da pessoa certa para escrever um livro sobre o Asatrú ou movimento pagão moderno. Tenho o maior prazer em dizer que meus instintos estavam corretos, pois neste livro ela apresenta tudo que um pesquisador dedicado ou um visitante casual dos Nove Mundos poderia querer saber. Aqui você aprenderá não apenas quem eram e são os vários deuses e deusas da Alemanha e da Escandinávia, mas também como reverenciá-los e como reverenciar seus ancestrais, os espíritos da natureza e a si próprio num (não "no") modo apropriado. Ela expõe numa linguagem clara a história das religiões nórdicas e germânicas e seus renascimentos, as diferenças entre as várias facções na moderna cena pagã, como a magia e a divinação do norte da Europa diferem daquelas das outras culturas indo-europeias aparentadas, como entrar em contato com outros que possam querer seguir esta trilha com você e como sobreviver a um *sumbel* (ritual nórdico da bebida) sem perder o juízo!

Se você já estiver familiarizado com a Wicca ou alguma outra trilha neopagã, Diana o ajudará a compreender as importantes diferenças e similaridades entre sua trilha e o Asatrú. A discussão dos recursos vai conectá-lo a algumas organizações, a livros consistentes e a outras ferramentas úteis para ajudá-lo na sua caminhada. E o mais importante é que neste livro Paxson transmite a alma do Asatrú de um modo que permanecerá muito tempo com você após sua primeira (de muitas) leituras.

Então acenda o fogo da lareira (ou pelo menos algumas velas), arranje uma boa xícara de chá ou encha um chifre de hidromel, instale-se numa poltrona confortável e prepare-se para ter uma experiência estimulante e profundamente transformadora!

Introdução

Há alguns anos fui convidada para fazer uma comunicação sobre a prática oracular escandinava no Simpósio Viking na Terra Nova. A maioria dos presentes era de várias universidades. A plaqueta com o meu nome declarava que eu era da "Troth". "O que é isso?", perguntou uma senhora quando estávamos esperando pelo jantar. "Uma organização religiosa pagã", respondi. Ela me lançou um olhar confuso: "Isso não é uma contradição em termos?" Nesse ponto percebi que ia ter de prefaciar minha comunicação definindo o que entendia por *paganismo* e *religião*. Desde então participei de numerosas discussões em que pagãos modernos de todos os gostos debatiam-se para se definirem, por isso parece prudente começar este livro definindo alguns termos básicos.

Religiões Pagãs

Assim como o cristianismo, o judaísmo e o islã podem ser agrupados como religiões monoteístas "abraâmicas", que creem num único deus todo-poderoso, as religiões politeístas que reverenciam uma multidão de divindades também formam "famílias" religiosas. Entre elas encontramos a miríade de seitas hindus, o budismo, que não é teísta em sua teologia mas inclui elementos politeístas em sua prática, tradições tribais das Américas e da Ásia, os credos africanos e da afrodiáspora, que incluem a umbanda e a santeria modernas, bem como o paganismo europeu.

Até muito recentemente, a possibilidade de que uma fé politeísta europeia nativa pudesse ser uma opção viável teria se deparado com incompreensões. Hoje, contudo, uma visão de mundo linear que inclui um progresso (?) inevitável para um cataclismo decretado por um único Deus todo-poderoso está se revelando perigosamente atraente para alguns e, para os demais, simplesmente perigosa. Em vez de uma visão de mundo em que nem a humanidade nem a natureza têm significado intrínseco, porque todo esse significado deriva apenas de Deus, ou que se polariza num conflito entre o Bem absoluto e o Mal absoluto, precisamos de uma visão de mundo que veja santidade em tudo, reconheça que o espírito assume inúmeras formas e acredite que a história se move em círculos, não numa linha reta (para um excelente exame desta questão ver *A World Full of Gods*, de John Michael Greer, 2005).

A primeira religião politeísta europeia a se tornar bem conhecida na Europa e na América do Norte no século XX foi a Feitiçaria Pagã ou Wicca, que inclui uma infinidade de tradições derivadas de ou inspiradas por sobrevivências de religiões populares europeias e pela obra de Gerald Gardner (ver Bonewits, 2001). A Wicca, porém, não é de modo algum o único tipo de paganismo europeu a florescer nos dias de hoje. Um segundo ramo da família, que cresce rapidamente, consiste das tradições "reconstruídas" baseadas nas práticas e crenças de culturas específicas. Elas incluem as tradições célticas, entre elas os diferentes tipos de druidas, as tradições helênicas, que provêm da Grécia antiga, os kemétícos, que baseiam sua prática na religião do Egito, os tradicionalistas bálticos, que têm revivido as religiões nativas em suas nações recentemente independentes e as religiões dos povos germânicos na Escandinávia, no continente e na Inglaterra.

Fé Gentílica

Assim como as culturas tradicionais tendem a se autodenominarem "o Povo", suas religiões são geralmente conhecidas como algo do gênero "nosso caminho", pelo menos quando são chamadas de alguma coisa. Assim, só quando os cristãos deram início a suas tentativas de converter o norte foi que os povos germânicos precisaram de um nome para suas crenças. Os homens da igreja chamaram a religião de gentia e seus seguidores de gentios. Quando eruditos e românticos começaram a estudar os velhos costumes no século XIX, alguns a chamaram de "troth", ou fé, dos deuses: *asatrú*. Qualquer um desses termos, ou inúmeros outros, de "Caminho do Norte" a "Paganismo Nórdico", "Irminismo", "Forn Sidhr" ou "Forn Sed" (Costume Antigo), "Teodismo", "Reconstrucionismo Germânico", a "Verdade Antiga" ou "Odinismo/Wotanismo" (embora este possa deixar a impressão errônea de que Odin é o único deus) podem ser usados para as versões da religião germânica que estamos tentando hoje recuperar e recriar.

Até recentemente, o termo *gentio*, assim como *pagão*, era empregado para indicar uma pessoa sem religião ou pelo menos sem a influência civilizadora do cristianismo. A palavra foi registrada pela primeira vez na tradução da Bíblia para o gótico feita por Ulfilas no século IV, onde foi usada para traduzir o termo *gentile*. Tem sido sugerido que, assim como *pagão* se referia ao povo do "paganus" ou campo, *gentio* se referia ao povo do interior mais bravio, que continuava a praticar os velhos costumes quando a gente da cidade já tinha se convertido inteiramente ao cristianismo. Tal interpretação foi questionada; *gentio*, no entanto, é pelo menos uma palavra que os atuais falantes de nossa língua podem tanto reconhecer quanto escrever com facilidade, sendo além disso um termo que pode ser encontrado em todas as línguas germânicas.* Por outro lado, pode também ser usado, ou mal interpretado, como pejorativo.

Como denominação, o termo *asatrú* tem a vantagem de ser ao mesmo tempo característico e facilmente reconhecível. É uma palavra do nórdico antigo, a língua em que a maior parte do saber religioso germânico que sobreviveu foi escrita. Tem ainda o privilégio de ser a denominação pela qual a única organização religiosa pagã apoiada pelo estado (e não meramente formalizada) é conhecida. De modo bastante apropriado, a Islândia, o último país em que o Aesir (os deuses e deusas nórdicos) foi

* Como *heathen*. (N. do T.)

oficialmente cultuado, foi também o primeiro a restaurar o reconhecimento oficial do Asatrú como uma religião moderna. A Ásatrúarfelagidh ou Sociedade Asatrú foi instituída após a fé ter sido reconhecida em 1972. Desde 2000, mais de 600 islandeses se registraram na Felagidh, que recebe cada ano uma parte dos fundos da igreja. Num país com uma população de cerca de 200.000 habitantes, esse número é significativo, e me informam que não para de crescer.

Evidentemente, o termo *Asatrú* também apresenta alguns problemas. Exatamente como a palavra *homem* (que nas antigas línguas germânicas era um termo neutro, não masculino) é hoje usada para todos os seres humanos, assim como para os do sexo masculino, a palavra *aesir* pode incluir todas as divindades, apenas as masculinas ou só aquelas do clã que vive em Asgard. Há também quem use *Asatrú* para designar os que cultuam apenas os deuses nórdicos, esquivando-se de envolvimentos com qualquer outra tradição. Por exemplo, teodistas que seguem as tradições tribais anglo-saxãs ou continentais germânicas geralmente se consideram pagãos, mas não Asatrú. Quando eu usar neste livro o termo isoladamente, ele vai se referir ao culto de todas as divindades do norte. Também estarei usando as palavras "Asatrú" e "gentio" [ou "gentílico"] mais ou menos indiferentemente.

Gentio, como a palavra *luterano*, pode ser usado como substantivo ou adjetivo, como em "sou um gentio", "um ritual gentio". O termo coletivo para a religião seria "gentilismo", e para indicar o que é próprio dos gentios como grupo, "gentílico". As maiúsculas iniciais parecem ser opcionais. "Asatrú" também pode ser substantivo ou adjetivo, mas escrito no singular com a inicial maiúscula é usado para a religião ou o coletivo. Para mais de um aderente, contudo, usamos o plural nórdico, "Ásatrúar".

Assim como as feiticeiras, os gentios têm de enfrentar estereótipos e associações negativas do passado. O primeiro mostruário na Exposição Viking da Smithsonian Institution apresenta alguns deles, de operísticos elmos com chifres a um capacete dos vikings de Minesota. Claro, há motoqueiros pagãos, mas nem todos os pagãos dirigem motocicletas ou bebem cerveja. Alguns membros de gangues de prisão podem se autodenominar Asatrú, mas na vida diária os Ásatrúar estão provavelmente entre os membros da comunidade mais responsáveis e obedientes à lei. Embora alguns liberais mais zelosos tenham tentado definir o martelo de Thor como um símbolo de ódio, a maioria dos que o usam são tão positivos em seus pontos de vista quanto aquelas feiticeiras que usam o pentagrama.

Em Busca do Saber

O que faziam os gentios da velha crença e como praticavam sua religião? Nenhuma tradição pagã recuperada dispõe de informações completas sobre as práticas do passado, mas o Asatrú tem a sorte de possuir um grande acervo de material, conhecido como "o saber", onde pode buscar inspiração.

Nossas fontes principais para a reconstrução da religião gentílica são a *Edda* poética e em prosa (histórias e poemas baseados nos mitos, escritos na Islândia do século XIII, embora as histórias em si sejam muito mais antigas), épicos como *Beowulf* e outras obras da literatura continental antiga, as *sagas* ("romances" que cobrem muitas gerações dos primeiros islandeses e incluem referências fascinantes à magia gentílica e à prática religiosa), as histórias escritas por antigos autores medievais (como Snorri Sturlusson, Saxo Grammaticus, Jordanes...) sobre o passado pagão recente e não tão recente de seus países e coleções folclóricas escritas por Jacob Grimm e outros. Em adição a isso, tem havido uma série de modernos estudos históricos e literários, aos quais estarei me referindo.

Alguns chamam Asatrú de "a religião com dever de casa". Se você está interessado em saber mais, recomendo os recursos listados no final deste livro, em particular *Our Troth*, que cobre boa parte do material incluído aqui com uma quantidade muito maior de detalhes e fornece referências completas das fontes eruditas.

Para Quem é este Livro

Este livro é uma introdução à fé e à prática gentílicas. Tem como alvo o leitor que está simplesmente curioso acerca da religião germânica, que pode estar familiarizado com a Wicca e gostaria de saber o que mais existe por lá, ou que quer saber por que um determinado amigo ou parente se envolveu com o Asatrú. Se você já é pagão praticante, provavelmente achará o contexto familiar, embora algumas perspectivas possam ser novas. Num livro deste porte, só a informação mais essencial poderia ser incluída. Tentei compensar isto relacionando uma variedade de fontes mais abrangentes na seção sobre recursos. Seja você um recém-chegado à tradição gentílica ou um veterano, insisto para que as explore.

Agradecimentos

Não seguimos sozinhos a trilha do Asatrú. Ser pagão é seguir com os deuses e deusas e meus irmãos e irmãs na fé enquanto criamos e recriamos nossa comunidade. Certamente, eu jamais poderia ter escrito este livro sem as percepções, opiniões, comentários e a eventual oposição dos muitos pagãos com que tenho trabalhado em meu próprio clã e na comunidade gentílica mais ampla no decorrer dos anos.

Em particular, eu gostaria de destacar minha estima por Paul Edwin Zimmer, Laurel Mendes, Kveldulf Gundarsson, Bill Bainbridge e Lorrie Wood pela inspiração e apoio, e agradecer a Ben Waggoner por suas muitas sugestões valiosas.

Asatrú

PRÓLOGO

Celebrando os Deuses no Salão dos Raven Hammer

O outono chegou; há uma friagem intensa no ar e as encostas cintilam com explosões de vermelho e dourado. É uma estação para dar graças e participar na colheita, um tempo de contar histórias do passado, do presente e dos anos que estão por vir. O clã Raven Hammer está se preparando para participar do banquete das Noites de Inverno em honra dos ancestrais e dos deuses.

Agora, antes de seguirmos adiante, você precisa saber que Raven Hammer [Martelo do Corvo] é um grupo imaginário. Aqueles que já se depararam com a comunidade pagã poderão achar que reconhecem algumas das pessoas desta história, mas garanto que tanto o clã quanto seus membros são fictícios — uma ficção, porém, que é uma colagem de características e práticas dos muitos clãs e pagãos que conheci. Então, embora você não encontre este grupo, seus membros ou exatamente as práticas descritas aqui em lugar algum, quase tudo que tenho para dizer a respeito deles existe ou existiu em algum lugar.

Vamos começar com o nome. Embora eu não conheça nenhum grupo chamado Raven Hammer, aproximadamente 50% dos clãs pagãos têm "raven" ou "hammer" em algum ponto do nome. O nome de meu próprio clã, Hrafnar, significa "the ravens" [os corvos] em nórdico antigo. Nosso vizinho mais próximo é o clã Hammer of Thor [Martelo de Thor], encabeçado por Stefn Thorsman. Os corvos são Hugin e Munin, pássaros que percorrem o mundo trazendo informações para o deus Odin. O martelo é a arma que Thor usa para defender nosso mundo das forças de destruição.

Então aqui estamos na Sede dos Raven Hammer. Bem convenientemente, é uma casa eclética, estilo rancho, pertencente ao *gothi* (sacerdote) e à *gythia* (sacerdotisa) Thorolf e Janet, situada num terreno de oito mil metros quadrados na orla da cidade. Compraram a casa porque ela tem um salão de festas grande o bastante para vinte pessoas sentadas. Quando se mudaram, transportaram fogo pelas divisas da propriedade para afirmar sua posse, exploraram a mata até encontrar o ponto onde as forças da natureza pareciam mais fortes e ali fizeram oferendas para os espíritos.

Thorolf é um vice-diretor do colégio local que usa um nome nórdico para atividades religiosas porque sua região é um tanto conservadora e ele poderia se ver obrigado a deixar o emprego se soubessem que é pagão. Janet é programadora de computador e usa o nome de solteira na comunidade gentílica e na vida comum. Eles deram início ao clã cinco anos atrás com seus dois filhos e um amigo. Agora, têm nove membros plenos, quatro que estão em formação e, em cada reunião, alguém traz um amigo.

É sábado à tarde e a casa já está cheia. Algumas pessoas chegaram no final da noite anterior e se instalaram em sacos de dormir no salão de festas; outras estão chegando em intervalos desde a manhã. As crianças brincam no quintal, acompanhadas por dois cachorros frenéticos. O cheiro do pernil assando na cozinha dá água na boca. Os balcões estão cheios de comida trazida por membros do clã. Os que não puderam trazer nada depositam uma pequena quantia no pote de biscoitos. Alguns arrumam mesas compridas num formato de U e as cobrem com toalhas no mesmo tom vermelho do estandarte do clã pendurado na parede, enquanto outros distribuem os acessórios do banquete: pratos e tigelas de madeira e chifres decorados para beber. As paredes estão cobertas de tapeçarias bordadas por Janet que retratam os deuses e o consolo da lareira está decorado com feixes de trigo, cabaças e flores de outono.

Quando o Sol mergulha atrás dos bosques, Thorolf executa um toque de chamada num chifre de boi. Felizmente ele tocava trompete, por isso a coisa soa realmente como uma trompa. Ele tem uns amigos que foram visitados pelos policiais locais quando vizinhos que ouviram os guinchos estridentes e dolorosos de um amador acharam que aquela gente suspeita do final da rua estava praticando um sacrifício satânico.

Todos se reúnem no quintal, alguns usando túnicas estilo nórdico, enquanto para outros o traje cerimonial é uma camiseta com o logotipo de um festival pagão. Muitos, tanto homens quanto mulheres, usam cinturões com facas ou espadas. A porta da cozinha se abre e Janet aparece vestida com uma túnica azul de alças (uma peça de roupa exterior, mais ou menos como um avental) sobre uma toga branca. Broches ovais prendem as alças e os colares cor de âmbar que está usando emitem um brilho dourado à luz do Sol poente. Ela segura um grande chifre de bebida cheio de hidromel feito em casa. Sua filha, Sigrid, carrega um jarro de leite e o pequeno Eric uma travessa com um pequeno pão.

Os demais entram em forma atrás dos três quando eles tomam a trilha ao redor da área de recreação para o Vé*. Trata-se de uma depressão comprida de terreno cercada por árvores. Em sua extremidade, um freixo particularmente vistoso protege do Sol o altar de pedras empilhadas. No verão, o clã frequentemente realiza as cerimônias ali, mas seja qual for a estação, é lá que elas começam.

Sigrid e Eric vão até o freixo, onde uma cavidade entre duas raízes parece conduzir ao mundo subterrâneo. A seu lado há uma estatueta desgastada pelo tempo de um gnomo de jardim. Com muito cuidado, Eric coloca o pão na cavidade e Sigrid derrama o conteúdo do jarro sobre ele.

— Seres da terra, isto é para vocês — diz Sigrid. — Tomem conta de tudo quando o frio chegar.

Agora a procissão se move ao redor da árvore em direção à fonte. A meio caminho se ergue o pequeno monte de pedras coberto de terra. Como tanto Janet quanto Thorolf se mudaram de outros estados para lá, os cemitérios de suas famílias estão muito distantes, mas eles

* Espaço sagrado, altar. (N. do T.)

enterraram retratos de parentes reverenciados no monte e a mesma coisa fizeram alguns dos outros membros do clã.

Janet inclina o chifre e o hidromel se derrama sobre o monte num jorro cintilante.

— Alfar e Disir, venerados ancestrais, bebam com vontade e nos deem suas bênçãos.

Durante alguns momentos ficam todos silenciosos, ouvindo o vento inesperado que sussurra nas folhas do freixo antes de cruzar o bosque mais adiante. Um esquilo corre tronco abaixo, vê as pessoas e volta em disparada para os galhos, guinchando.

— Conte a eles, Ratatosk — murmura Thorolf e todos riem, lembrando-se do esquilo que leva mensagens para cima e para baixo da Árvore do Mundo.

Agora o vento está ganhando decididamente força e vai ficando frio. O grupo volta rapidamente à casa, ansioso para dar os toques finais no jantar e se sentar à mesa. Um pernil inteiro de porco está fumegando numa travessa. A seu lado há uma grande tigela de cevada e cogumelos com molho, pratos de cenoura e repolho, saladas e pratos de forno. Um grande bolo de chocolate foi posto numa ponta da mesa. Alguém colocou uma das coleções Raízes Nórdicas no CD player e pés batem de leve no chão.

Thorolf agradece à Terra Sagrada pela dádiva da comida e desenha uma runa Jera sobre ela em ação de graças. Janet leva um pequeno prato com bocados das iguarias para o espírito da casa que vive numa pedra do tamanho de um melão colocada ao lado da lareira. Logo os cachorros vão entrar e cuidar das oferendas, e de qualquer outra coisa que tenha vindo da mesa, mas de acordo com Ibn Fadlan, o negociante árabe da Era Viking, quando os cachorros da cidade saíam para comer as oferendas deixadas pelos negociantes rus, os vikings festejavam o recebimento da comida pelos deuses, portanto há precedentes.

Mesa por mesa, as pessoas enchem os pratos e se sentam. Durante algum tempo ficam ocupadas demais para dizer muita coisa, mas daí a pouco os pratos são postos de lado e o murmúrio da conversa aumenta. A mãe de Maureen está no hospital. Roderic acabou de perder o emprego. Há um escândalo em outro clã e todos querem saber o que está acontecendo. Pais recolhem os filhos e os levam para brincar no quarto das crianças. Vão se revezar o resto da tarde para supervisioná-los.

Mas gradativamente a sala fica em silêncio. Está na hora da cerimônia sumbel. Thorolf e Janet instalaram uma mesa menor na frente e puseram lá o grande chifre para beber do clã e várias garrafas de cerveja e hidromel. Ao lado delas está um martelo de ferro de cabo curto, o grande anel de juramento prateado, um raminho de folhas de freixo e a tigela de oferenda, que era uma travessa de salada até Thorolf decorá-la com uma inscrição em runas.

Thorolf vai para o centro da sala e olha para o norte, erguendo o martelo para dar início ao rito de consagração criado por Edred Thorsson:

— Martelo do norte, consagre e guarde este posto sagrado.

E assim começamos...

PRIMEIRA VOLTA

Heróis e Ancestrais

CAPÍTULO 1

Antes da História: Os Primeiros Pagãos

— Esta noite — Janet pega o copo de chifre e se vira para encarar os outros — estamos aqui reunidos para saudar o inverno. Geralmente começamos nossa sumbel com uma rodada para os deuses e as deusas, mas este banquete é consagrado aos ancestrais. Eu gostaria de propor que esta noite começássemos reverenciando nossos antepassados e antepassadas da carne e do espírito.

Olha em volta do círculo, atenta ao murmúrio de aprovação e volta para perto do marido. Enquanto ela segura o chifre, ele o enche de cerveja, cerveja escura como o solo ancestral e espumante como o mar. Vem de uma safra que o clã preparou no início daquele verão e que saiu muito boa.

Janet ergue bem o chifre.

— Seres sagrados, Alfar e Disir, para vocês a bebida é servida. Como os muitos grãos e as muitas gotas de água misturadas para fazer esta cerveja, embora sejamos a descendência de muitos ancestrais somos unos em espírito. Marco este chifre com a runa Othala como símbolo de nossa herança. — Deitando o chifre num dos braços, desenha a runa na espuma.

Karen se aproxima da mesa. Especialista em biologia de uma universidade próxima, é o membro mais recente do clã e, como tal, tem a honra de servir como valquíria. Karen conduz cuidadosamente o chifre até Maureen, que está sentada na ponta da mesa, coloca-o nas mãos dela e dá um passo atrás.

— Alguns de vocês sabem que recentemente mandei uma amostra de DNA para ser testada na Inglaterra... — Maureen olha dentro do chifre para ver se a espuma cedeu o suficiente para ela tomar um bom gole da cerveja. — O fato é que peguei os resultados na semana passada e sou descendente de uma mulher que viveu no continente cerca de 30.000 anos atrás. Bem, provavelmente alguns de vocês também são — dá um sorriso largo — e os saúdo como primos. Aliás eu gostaria de erguer este chifre em honra da mulher que as pessoas em Oxford chamam de Helena. Eu a imagino cuidando do fogo, se perguntando se haverá comida suficiente para a família, preocupada como estou agora, e agradeço a ela por ter tido a coragem de não desistir. Hailsa!* — Ela bebe gravemente.

— Salve Helena — os outros respondem em eco enquanto ela devolve o chifre a Karen e se senta.

O quanto é velha a "Religião Antiga"? Embora os pagãos tirem a maior parte de suas práticas religiosas de um material escrito durante as épocas dos anglo-saxões e dos vikings, essas crenças estão baseadas em milênios de desenvolvimento das tradições do folclore. A arqueologia identifica uma sucessão de culturas europeias; contudo, estudos genéticos recentes (ver Sykes, 2001) demonstram que, apesar das mudanças culturais, a população da Europa permaneceu notavelmente estável da Idade da Pedra aos dias de hoje. Noventa e cinco por cento de todas as pessoas de origem europeia são descendentes de sete mulheres que viveram entre 10.000 e 45.000 anos atrás. A reverência aos ancestrais, especialmente ao *disir*, as antepassadas que velam pela linhagem da família, é uma crença central do Asatrú. As figuras de "Vênus", que são nossa primeira prova de que os seres humanos cultuavam o Espírito como algo que se manifesta em forma humana, foram encontradas em locais como Uhlendorff e a caverna de Volgerherd, no que é hoje a Alemanha. Através destas sete avós europeias, e através das 23 linhas de descendência que

* "Salve!" Saudação nórdica. (N. do T.)

saíram da África e da única "Eva Africana" a quem remonta a origem de todos os seres humanos modernos, somos todos parentes.

A Idade da Pedra

Quando o gelo recuou, os grupos humanos se deslocaram para o norte, povoando as partes meridionais da Escandinávia por volta do ano 9000 antes da Era Comum (a.C.). Durante este período inicial, a cultura e a tecnologia parecem ter sido similares por toda a Europa. Nossas primeiras avós e avôs eram coletores-caçadores cujas práticas religiosas incluíam elementos ainda hoje encontrados em culturas xamânicas. Vivendo próximos à natureza, aprenderam a reverenciar os seres primais que sobreviveram na mitologia germânica como *jötnar* ou *etins* — da família dos gigantes — e buscavam utilizar o poder dos animais, árvores e ervas. Pinturas rupestres escandinavas mostram que predadores como o lobo, o urso, a águia e o corvo, e fortes e às vezes perigosos animais de caça, incluindo o alce, os bisões europeus, o cavalo e o cisne, tinham se tornado totens, que sobreviveram pelos milênios afora como elementos de palavras, símbolos de família e personagens da lenda. Bétula, carvalho, freixo, teixo e espinheiro, árvores sagradas que emprestaram seus nomes a algumas runas, estavam entre as árvores que povoavam a terra.

Todo verão os primeiros escandinavos migravam de seus protegidos campos de inverno nos sopés das montanhas, um padrão que sobreviveu quando eles se transformaram numa cultura de criadores de gado e que continua sendo a base do ano ritual pagão. Contudo, armas encontradas em túmulos sugerem que tanto os homens quanto as mulheres também continuaram a caçar. Uma abundância de recursos naturais retarda a adoção da agricultura no norte até o terceiro milênio a.C.

No fim do período neolítico, os ancestrais dos povos germânicos estavam vivendo em aldeias e construindo, com grandes pedras, túmulos duradouros para seus mortos. Os montes empilhados sobre os túmulos dos líderes sugerem que o culto do *alfar*, ou ancestrais masculinos, tinha se tornado uma parte da religião. Os mortos continuavam sendo parte importante da comunidade. Embora os achados dos túmulos mostrem mais diferenciação de sexo do que se apresentava antes, as mulheres tinham sem dúvida o status elevado que mantiveram durante toda a Era Viking. Não há, contudo, evidência conclusiva de culto de uma única "Grande Deusa".

A transição a um estilo de vida agrícola teve outras implicações para a prática religiosa. Permanecer num local exigia que as pessoas mantivessem uma relação eficaz com os espíritos da terra. As pessoas sábias da aldeia estavam evoluindo de xamãs a sacerdotes que conheciam os ritos e cuidavam dos lugares sagrados. Nesta época, os poderes divinos reverenciados podem ter incluído uma deusa da terra e da água e um deus do céu, assim como a infinidade de espíritos do campo, da floresta e dos cursos d'água.

Petróglifos, círculos e alinhamentos de pedra foram também criados para propósitos rituais. Embora os falantes da língua inglesa estejam mais familiarizados com os monumentos megalíticos das ilhas britânicas (que estavam lá muito antes dos druidas chegarem), eles são encontrados pelo mundo afora, inclusive no continente europeu e na Escandinávia. A arte rupestre da Escandinávia inclui símbolos que continuaram sendo importantes na Era Viking (ver Gelling e Davidson, 1969). Os pagãos europeus, como outros gentios contemporâneos, executam hoje rituais e fazem oferendas em pontos megalíticos.

Boa parte de nossos dados acerca das primitivas crenças religiosas vêm de oferendas preservadas em turfeiras. Elas incluem grandes pedaços de âmbar que podem ter vindo de colares oferecidos às deusas locais. O âmbar estava também incrustado em imagens de animais e em pequenos amuletos com machados de lâmina dupla, similares na forma aos martelos de Thor da Era Viking. Machados de pedra finamente esculpidos eram também oferecidos. Cabeças de alce eram esculpidas em peças rituais e o javali era considerado um grande poder protetor. Há evidência do sacrifício de animais e às vezes de homens. Depois, já mais tarde, potes e outros presentes eram com frequência cerimonialmente "mortos" ao serem quebrados antes que fossem atirados na turfeira.

Os Indo-europeus

Em algum momento do terceiro milênio a.C., uma nova cultura chegou à Europa setentrional trazida pelos povos que chamamos de indo-europeus, pois sua língua foi a ancestral dos idiomas hoje falados da Bretanha a Bangladesh. Embora em certas áreas os recém-chegados possam ter substituído ou deslocado a população primitiva, na maior parte da Europa as maiores mudanças parecem ter sido antes tecnológicas e linguísticas que genéticas. As inovações incluíram o carro de boi, o machado de batalha de pedra polida e um estilo de cerâmica conhecido como cerâmica canelada. Nossa compreensão desta nova cultura está baseada fundamentalmente na análise linguística, que permitiu que os filólogos reconstituíssem a língua proto-indo-europeia (PIE). Seu vocabulário nos diz que animais, plantas e ferramentas eram conhecidos e apreciados por aqueles que a falavam. A comparação dos mitos e lendas dos povos que falavam línguas indo-europeias também nos fornece pistas sobre a forma ancestral das religiões pagãs europeias.

A primitiva terra natal indo-europeia ficava em algum ponto da Ásia Central. Povos que tiveram origem entre as culturas agrícolas da Anatólia podem ter se dispersado para o norte, para a área acima do Mar Negro, formando a cultura conhecida como dos kurgans, e de lá se moveram para oeste. Parecem ter se propagado em várias ondas de migração. Elementos culturais se propagam através da difusão; lendas, porém, em que um bando guerreiro subjuga e governa uma população maior são encontradas por toda a área indo-europeia. Com toda a probabilidade o processo foi repetido muitas vezes até os anteriores conquistadores serem assimilados pela população nativa. Finalmente o proto-indo-europeu se dividiu em dois grupos linguísticos, um no qual os sons "k" do PIE foram conservados (as línguas *centum*, conforme a palavra para "cem" em latim) e outro em que o "k" virou "s" (as línguas *satem*, conforme a palavra para "cem" em persa antigo). Na Europa, a cultura se bifurcou num ramo meridional e num ramo setentrional — a cultura da "cerâmica canelada", da qual descendem os teutões, os celtas, os bálticos e os eslavos.

O vocabulário PIE nos conta muita coisa sobre como viviam aqueles que o falavam. Inclui palavras para a maioria das árvores e dos animais europeus que nos são familiares e para animais domesticados como vacas, ovelhas, cavalos, porcos e cachorros, assim como termos para o cultivo da terra. Os indo-europeus cultivavam trigo, cevada, feijões, ervilhas e lentilhas, mas a base econômica eram os rebanhos bovinos. Tanto nas línguas românicas quanto nas línguas germânicas, a palavra significando *vaca* se tornou raiz de termos que têm relação com riqueza e a primeira campanha militar foi a incursão contra o gado. As línguas germânicas, porém, incluem um certo percentual de palavras, especialmente as que se relacionam com o mar, que parecem ter vindo de outro grupo linguístico, indicando uma fusão da cultura recém-chegada com a da população mais antiga.

Termos de parentesco indicam que a cultura indo-europeia estava organizada em clãs liderados por chefes e famílias encabeçadas pelo pai, embora um menino tivesse uma relação especial com o tio ou avô materno. As tribos eram constituídas de clãs aliados governados por um rei. Os laços sociais eram fortalecidos pela troca de presentes e pela hospitalidade, valores que continuaram sendo partes fundamentais da estrutura social germânica.

É evidente que o número 3 era sagrado. Estudiosos como Georges Dumézil (1973) afirmam que uma estrutura social tríplice remonta também à cultura indo-europeia e que cada um de seus deuses preenche uma das três funções: soberania/magia, guerra ou agricultura. A presença de palavras para juramentos, espírito, prece, santidade, fazer libações e oferendas nos diz algo sobre sua prática religiosa. Uma palavra significando "soprar" ou "inspirar" é a fonte, entre outros termos, do nome do deus Odin.

No nível da família, a lareira era o centro de veneração do lar, local sagrado para os espíritos da casa e da despensa, assim como para os ancestrais. Os membros da família também faziam oferendas para os espíritos da terra que cultivavam. Assistidos por sacerdotes e bardos altamente treinados, chefes e reis faziam sacrifícios às divindades do clã e da tribo para proteger o povo, suas manadas e rebanhos. Esses sacrifícios renovavam a ordem cósmica, estabelecida quando o ser primal foi desmembrado para criar o mundo. Bebidas sagradas eram usadas no ritual.

A evidência linguística aponta para um panteão de divindades do céu e da terra. Os indo-europeus reverenciavam um deus soberano do céu, Dyaus, cujo nome significa "o ser brilhante" e tem raiz comum com os nomes de Zeus, Júpiter e Tyr com seu radiante consorte. Ele pode ter tido uma divindade correlata, cujo reino fosse o céu noturno e que comandasse os poderes da magia. Outras divindades celestes incluíam o deus do trovão, a deusa Sol, a deusa da aurora e os Gêmeos divinos montados em seus cavalos.

As divindades da terra incluíam um deus das águas debaixo da terra, que era também o ancestral do fogo, e a Mãe Umidade, a deusa da terra revigorante. Seu nome forneceu a raiz que finalmente evoluiu para a nossa palavra *humanidade*. Ela sobreviveu como a deusa Danu, de quem o Danúbio e muitos outros rios europeus derivam seus nomes, e nos nomes de grupos como os danaans, os tuatha de danaan e os danes. O deus Lua demarcava o tempo e a deusa da morte cobria tudo. Entre outras personagens havia um ser chamado "Terceiro", que enfrentou uma serpente para recuperar seu gado roubado, e um barqueiro dos mortos. Outro mito que remonta a tempos muito remotos é o da batalha cataclísmica entre as forças da ordem e do caos que encerrará o período.

A Idade do Bronze

No início da *Nova Edda*, Snorri Sturlusson nos conta que Odin era descendente do rei Príamo de Troia e, em seu *Heimskringla* (Vidas dos Reis Nórdicos), declara que os deuses eram chamados Aesir porque vieram da Ásia. Embora Snorri fosse entusiasticamente nórdico, parece ter sucumbido às tentações da teoria etimológica medieval e à antiga moda medieval para atribuir as origens nacionais aos troianos. Mas como vimos, os ancestrais dos atuais escandinavos estavam de fato há muito tempo lá. Terá um pequeno grupo transportado a cultura heroica da Idade do Bronze da área do Mar Negro para o norte durante os anos mais quentes dessa era ou será que a cultura germânica se originou na Escandinávia, de onde se deslocou para o sul e para o oeste durante o período das migrações? Há uma percepção de que ambas as teorias estão certas. Tenha ou não um grupo significativo de pessoas migrado da Ásia para o norte, alguns mitos e conceitos meridionais podem perfeitamente ter sido levados do mundo mediterrâneo para a Escandinávia, onde se desenvolveram numa cultura única.

Seja como for, no segundo milênio a.C., culturas nativas e indo-europeias tinham se fundido e foram sendo transformadas pela adoção do bronze para ferramentas e armas. Embora suas línguas estivessem começando a se diferenciar, os estilos de vida e crenças de grupos de um lado a outro da Europa setentrional ainda mostram grandes similaridades. A maioria das pessoas no norte vivia em grandes grupos familiares, em casas compridas de madeira com anexos para tecelagem e outros ofícios. As famílias viviam de uma combinação do trabalho agrícola com o pastoreio. Embora nessa época uma parcela dos bosques já tivesse sido limpa para servir de pasto, grande parte da Europa setentrional era ainda densamente arborizada. Além disso, o clima era um pouco mais quente do que é agora, suportando assim colheitas que, em épocas mais tardias, só poderiam ser cultivadas bem mais para o sul.

A terra era atravessada por trilhas. Cobre, ouro, estanho e âmbar eram negociados pela Europa e artigos de luxo, como vinho e ourivesaria, eram transportados do Mediterrâneo para o norte. Nosso retrato mais nítido da vida na vivenda de um chefe da Idade do Bronze pode ser encontrado nas páginas da *Ilíada* e da *Odisseia*. Similaridades entre estruturas sociais e políticas encontradas aí e descrições em épicos mais tardios da Europa setentrional, como o *Beowulf*, sugerem que, se descontarmos o clima e a riqueza, a cultura dos alemães e dos escandinavos da Idade do Bronze era muito semelhante à cultura grega da idade heroica. Aliás, encontramos as mesmas estruturas e tradições guerreiras nas histórias heroicas da Irlanda e nos épicos dos rajaputros do norte da Índia.

Onde a fertilidade da terra podia suportar um número suficiente de pessoas, os reis e quase reis governavam territórios povoados por um entrelaçamento de clãs e famílias. Uma casa real incluía os guerreiros da guarda pessoal, mas mesmo os reis não estavam isentos da obrigação de cumprir um turno nos campos na época da colheita. O conflito armado era uma questão de ataques de surpresa ou batalhas formais em que os heróis lutavam com espada, escudo e lança e seus feitos eram celebrados pelos bardos. Como mais tarde na Islândia, era responsabilidade do governante fazer oferendas aos deuses tribais. A importância crescente de tais líderes é mostrada pelas ricas peças funerárias encontradas em seus túmulos cobertos de pedras.

Há algum indício da existência de uma classe de sacerdotes treinados que cuidavam do calendário e supervisionavam os rituais. Embora sua autenticidade tenha sido contestada, um disco de bronze encontrado perto de Nebra, na Alemanha, e datado de 1600 a.C., mostra o Sol, a Lua e as estrelas, sugerindo uma sofisticada compreensão dos movimentos celestes. É a mais antiga representação astronômica já encontrada. Teria permitido a um observador parado em Mittelburg Hill prever a posição do Sol com relação ao Brocken — uma montanha sagrada onde, segundo a *Teutonic Mythology* (1844) de Jacob Grimm, o folclore mais tardio falava das farras de espíritos e feiticeiras — e calcular assim épocas para o plantio e outras tarefas agrícolas. A área do Brocken parece ter sido um importante centro cultural e político. Descobertas como estas estão levando os pesquisadores a reavaliar as realizações das culturas da Idade do Bronze na Europa Central.

Na Escandinávia, a maioria de nossas informações vem dos petróglifos em locais perto do mar. Os entalhes na rocha mostram procissões e rituais com navios e seu equivalente terrestre, a carroça, homens fálicos com escudo e lança ou machados de lâmina dupla (possivelmente precursores de Thor), acrobatas e casais praticando o enlace sagrado. Também têm sido encontradas figuras de bronze mostrando guerreiros com elmos rituais com chifres e dançarinas com saias curtas de contas. Uma figura feminina de olhos dourados pode representar uma predecessora da deusa Freyja. Um cavalo e uma carroça levando um disco do sol dourado, primorosamente trabalhados, dão testemunho da manutenção de um culto solar na prática religiosa setentrional ou mesmo na mitologia. Imagens de arados podem representar cerimônias da primavera. A inscrição na pedra da pegada de um pé descalço poderia ser interpretada como um símbolo primitivo do deus Njord. Também foram encontrados os chifres compridos e curvos chamados *lurs*, cuja música, elevando-se sobre a batida de tambores e matracas, teria ressoado por quilômetros.

Uma teoria interessante, ainda que muito debatida, sustenta que durante a primeira parte da Idade do Bronze uma "Atlântida setentrional" desenvolveu-se nas ilhas ao largo da costa oeste da Jutlândia, que eram conhecidas como Electrides ou Ilhas do Âmbar (Spanuth, 1979). Ela teria dominado as terras ao redor do Mar do Norte até ser submergida por uma tsunâmi em algum momento entre 1500 e 1220 a.C. Alguns especulam que o seu povo eram os haunebus, que negociavam âmbar com os egípcios. Após o desastre, os habitantes em fuga podem ter deslocado os Povos do Mar, cujos ataques são descritos em registros mediterrâneos do final da Idade do Bronze.

Durante o primeiro milênio a.C., o trabalho com o ferro substituiu a tecnologia do bronze. As culturas do Mediterrâneo estavam começando a olhar para o norte e, quando eles se encontraram, os povos germânicos entraram na história escrita.

CAPÍTULO 2

Bárbaros nos Portões: as Grandes Migrações

O chifre chegou a Roderic, um homem corpulento de cabelo preto que acabou de completar 35 anos. Os pais o chamaram de Rodrigo, mas ele retornou à forma visigótica de seu nome. Roderic pega o copo de chifre e limpa a garganta.

— Esta parece uma ótima oportunidade para dizer a todos vocês que tenho um novo trabalho — ele faz uma pausa enquanto as pessoas aplaudem. — Essa é a boa notícia. A má é que fica na Califórnia, portanto não estarei aqui com vocês no ano que vem.

Ele espera se esgotar o murmúrio de consternação e um aviso para tomar cuidado, só havia gente estranha por lá.

— Realmente gosto muito daqui e não tenho vontade de ir, mas preciso estar onde há trabalho. De repente sinto muita simpatia pelos godos... quero dizer, os verdadeiros... — acrescenta, pois é um rapaz com listras vermelhas no cabelo tingido de preto e há vários sorrisos cravados nele — e pelos francos, os saxões e todas aquelas tribos que tiveram de deixar suas terras e procurar novos lares.

"Por isso levanto este chifre num brinde a Hengest, Teodorico e todas as pessoas que os seguiram. Que me mostrem como fixar raízes num lugar novo, como eles fizeram há tanto tempo."

Povos em Movimento

Durante o primeiro milênio a.C., o tempo começou a esfriar e as terras que tinham sido produtivas não puderam mais suportar os níveis de população da Idade do Bronze. Independentemente de seus lugares de origem, os povos do norte tomaram o rumo de climas mais quentes e, assim, entraram na história escrita, deslocando outros grupos num efeito dominó que acabou por colocá-los em conflito com as nações que tinham se desenvolvido ao redor do Mar Mediterrâneo. Entre os séculos I e VI da Era Comum (d.C.), as tribos germânicas estavam em movimento. Na época em que as migrações terminaram, as nações da Europa moderna haviam nascido.

Em 500 a.C., a Primeira Troca de Som (também conhecida como Lei de Grimm) tinha alterado os sons das línguas faladas pelos povos da Europa para criar distintos idiomas. Durante a última metade desse milênio, as primeiras tribos que podemos identificar como célticas estavam se espalhando em todas as direções a partir de sua terra natal na Alemanha/Suíça meridionais, dando a este período o nome de Idade do Ferro Céltica. Seu ataque a Roma em 390 a.C., deixou a nação com uma paranoia persistente acerca de bárbaros louros, que levou os romanos a procurar proteção através de uma sucessão de conquistas e, finalmente, os fez enfrentar as tribos alemãs no Reno. Os ricos celtas negociaram com as nações do Mediterrâneo, construíram maciças fortalezas no alto de colinas e desenvolveram elegantes estilos artísticos.

Os alemães não tiveram tanta sorte. Durante este período, as tribos germânicas permaneceram a maior parte do tempo em suas terras ancestrais, inicialmente dependendo dos celtas para o ferro, capaz de permitir que arassem os solos duros. O clima estava mudando e a terra não conseguia mais sustentá-los tão prodigamente quanto antes. Invernos mais frios exigiam que abatessem parcelas maiores da criação no outono e mantivessem o gado restante numa metade das habitações comunais enquanto as pessoas viviam na outra. Mas com relhas de arado de ferro podiam cultivar os mesmos campos por mais tempo, o que levava a comunidades mais estáveis.

Uma cultura no nível de subsistência não poderia sustentar os centros aristocráticos encontrados em terras celtas. Muitos termos germânicos relativos a cortes reais são palavras emprestadas do céltico e no início da Idade do Ferro as sociedades germânicas parecem ter sido mais igualitárias que as de seus vizinhos celtas. Embora houvesse, falando de um modo geral, muitas variações de estrutura política, as tribos consistiam daqueles que reconheciam a liderança de um clã real e que, quando seu líder se deslocava, seguiam-no. O poder da tribo repousava nos homens livres que encabeçavam famílias e que se reuniam em assembleias sazonais para tratar de problemas legais e assessorar o rei. Reis e chefes eram apoiados por sua guarda pessoal, que atuava como primeira força de resposta em caso de problema. Quando as tribos deram início a suas migrações, a necessidade de coordenação central e defesa aumentou o poder dos reis.

Os Alemães Entram na História

Nosso primeiro registro escrito dos povos germânicos vem do mercador e explorador Pytheas de Massília, que fez uma jornada para as Ilhas Âmbar por volta de 320 a.C., Suas notas sobrevivem apenas como citações no trabalho de autores mais tardios, mas ele parece ter navegado ao redor da Grã-Bretanha e conversado com pessoas que tinham viajado para o Ártico. Muitos acharam suas histórias fantásticas demais para serem dignas de crédito. Foi só em 113 a.C., quando uma tribo germânica chamada teutões chegou à Gália do sul acompanhada de duas tribos celtas que os romanos compreenderam que as terras do norte abrigavam pessoas que eram ainda maiores, mais louras e mais assustadoras que os celtas da Gália. Após destruir dois exércitos romanos, os invasores foram finalmente derrotados, mas ficou claro que Roma precisaria, a partir daquele momento, prestar mais atenção ao norte.

Em meados do século I a.C., Júlio César tornou-se procônsul da Gália e iniciou uma campanha contra os helvécios, uma tribo originária do que é agora a Suíça, que estava ameaçando o sul da Gália. Nos anos que se seguiram, ele golpeou as tribos célticas da Gália, obrigando-as à submissão. Sua confrontação com as tribos do leste foi menos conclusiva e o rio Reno tornou-se a nova fronteira romana. César identificava as tribos na margem esquerda do rio como celtas e na margem direita como alemães. É, porém, mais provável que houvesse uma zona intermediária em que as duas culturas se misturassem.

Nos séculos que se seguiram, defender a fronteira alemã se transformou numa grande preocupação para Roma, como se vê na batalha que dá início ao filme *O Gladiador*. Os alemães nunca sabiam quando estavam derrotados e, embora por algum tempo a fronteira fosse empurrada para leste, os romanos acabaram tendo de se retirar mais uma vez para o Reno. A fonte mais útil que temos para o início deste período é o *Germania*, de Tácito, que serviu como funcionário romano na fronteira. Embora muitos de seus dados fossem obtidos de segunda mão e as interpretações estejam coloridas por uma percepção dos bárbaros como "nobres selvagens", o *Germania* é uma fonte inestimável de informação sobre a natureza, a localização e os costumes das tribos germânicas do primeiro século. É por meio de Tácito, por exemplo, que ficamos sabendo da deusa Nerthus e de uma procissão da divindade, que é conduzida na carroça para abençoar o plantio da primavera, algo que só voltaria a ser descrito mil anos mais tarde na Suécia. É a partir de seus escritos que ficamos sabendo como os romanos viam as divindades que eram cultuadas pelos alemães continentais, identificando Tiwaz com o Marte romano, Wotan com Mercúrio, Donnar com Júpiter e Frigga com Vênus.

Embora jamais se pudesse dizer que a fronteira alemã estava completamente tranquila, ocorreu durante o primeiro século um conflito que deixou uma impressão duradoura na lenda germânica. Em 9 d.C., durante o reinado de César Augusto, um chefe alemão da tribo cherusci chamado Arminius ou, como é conhecido na Alemanha, Hermann, se levantou contra Roma. Tendo servido por algum tempo como oficial romano, descobriu um modo de atacá-los. Atraiu três legiões para a Floresta de Teutoburg e emboscou-as ali. O general romano Publius Varus cometeu suicídio para não ser capturado. Os soldados comuns foram simplesmente chacinados, enquanto os oficiais foram enforcados como atos de sacrifício. Por causa dessa derrota, Roma deu por encerrada a tentativa de controlar a Alemanha do norte e retirou suas tropas para a margem esquerda do Reno.

Nos séculos que se seguiram, as relações entre as tribos germânicas ocidentais e Roma mantiveram um padrão de alternância entre aliança e conflito armado. À medida que mais guerreiros germânicos serviam nos exércitos romanos e ficavam estacionados por todo o império, os povos perto do Reno foram se tornando mais romanizados e as tribos adotaram elementos da cultura romana. A arqueologia da fronteira teuto-romana nos dá uma grande quantidade de informação sobre a crença local na forma de altares votivos para potestades como as Matronas (mães guardiães) e várias divindades locais. Um templo dedicado a Mercúrio Augusto (presumivelmente uma versão romanizada de Wotan) encontrava-se no local ocupado pela atual catedral de Colônia.

As Grandes Migrações

Durante algum tempo, as duas culturas existiram em equilíbrio, mas no século V, deslocamentos que tinham começado muito antes puseram um novo grupo de tribos em conflito com o império. Godos do sul da Suécia se moveram para o sul, arrastando na passagem eslavos e citas até dominarem a área que ia do leste da Alemanha ao Mar Negro. Os vândalos, possivelmente originários da região de Vendel, no norte da Jutlândia, moveram-se para leste e depois para o sul, reunindo muitos povos numa aliança que finalmente seguiu o Danúbio para oeste, até o Reno. Os burgúndios parecem ter tomado uma rota semelhante a partir da costa báltica. Eles poderiam ter permanecido lá se a pressão de guerreiros chegados das estepes não os tivesse empurrado para oeste, para as fronteiras de Roma.

Em 375, os hunos caíram sobre os godos na Ucrânia. Seu rei derrotado, Ermanarik, cometeu suicídio, talvez como ato de autossacrifício. Se assim foi, a coisa não deu resultado, e os godos em fuga dividiram-se em dois grupos que se transformaram nos visigodos e ostrogodos. Os primeiros acabaram chegando tão longe quanto o sul da França e depois a Espanha, enquanto os últimos lutaram contra o Império Romano do Oriente e depois o do Ocidente, acabando na Itália. A Itália foi também o destino final dos longobardos, que deram seu nome à Lombardia, enquanto os vândalos terminaram no norte da África. Do início do século V em diante, as tribos que entravam primeiro enfrentavam Roma e depois se tornavam suas aliadas, defendendo as fronteiras contra a nova onda de invasores bárbaros.

O Litoral Saxão

Os séculos V e VI foram um período excepcionalmente fértil para a formação de lendas. Quando os problemas do império exigiram que a última das legiões fosse retirada da Grã-Bretanha, o choque entre os povos que invadiam do norte da Alemanha e os defensores romano-célticos deu origem à história do rei Artur. Na primeira versão integral da história, escrita por Geoffrey de Monmouth no século XII, um magnata britânico chamado Vortigern contrata saxões que submetem um líder chamado Hengest para proteger a Grã-Bretanha das incursões dos escoceses e pictos. Quando o britânico se recusa a pagar seus mercenários, Hengest traz o resto da tribo do outro lado do mar. A *Ecclesiastical History of the English People*, do Venerável Bede, nos conta como anglos, saxões, jutos e frísios lutaram contra os britânicos e entre si, fundando reinos que continuaram pagãos por mais 200 anos e que conservaram a língua germânica mesmo depois de se tornarem cristãos.

Nomes de lugares ingleses, que incluem palavras como Tiw, Thunor, Woden e Frig, mostram que os migrantes anglo-saxões trouxeram os deuses com eles. Os ingleses mantiveram laços íntimos com os povos de suas antigas terras natais; isto explica como *Beowulf*, que se passa na Dinamarca, sobreviveu como a obra maior da poesia anglo-saxã.

Da Gália à França

O povo conhecido como franco, ou "livre", surgiu na área do Reno médio, talvez como um amálgama de tribos menores. Durante um longo tempo viveu suficientemente perto dos romanos para assimilar grande parte de sua cultura e muitos francos atingiram um alto posto nos exércitos romanos. Em meados do século V, eles se tornaram mais agressivos e os reis merovíngios começaram a reivindicar os territórios que haviam anteriormente defendido. Os ganhos mais importantes foram obtidos pelo rei Clóvis, que também se converteu ao cristianismo. Em meados do século VI, os francos governavam toda a Gália, dosando elementos romanos e germânicos para criar uma fusão duradoura.

Nos anos que se seguiram, os governantes francos apoiaram os esforços de missionários irlandeses e anglo-saxões para converter os povos que viviam ao longo do Mar do Norte, apreciando, como muitos outros reis germânicos, o apoio que uma igreja unificada, burocrática, poderia proporcionar a uma monarquia. Quando a dinastia carolíngia substituiu os merovíngios no século VIII, o processo de conquista e conversão continuou com um vigor ainda maior. Carlos Magno fez pressão para o leste, esmagando as tribos pagãs que haviam permanecido na Germânia, pondo fora de combate as que resistiam e batizando-as depois pela força, fazendo o ar repicar com o som de machados derrubando as árvores de lei e os bosques sagrados.

Uma Reunião de Heróis

Pelo início do século IX, a prática da religião gentílica fora suprimida de uma ponta à outra das terras germânicas no continente e nas Ilhas Britânicas. Mas os poderosos nomes de heróis como Ermanarik, Siegfried, Teodorico, Beowulf, Hengest, Weland e Waltharius sobreviveram para lançar os alicerces de uma literatura europeia nativa, como fizeram os ideais heroicos do guerreiro e a tradição de lealdade que se tornou a base do contrato feudal entre cavaleiro e senhor.

As histórias dos heróis que viveram durante a Era das Migrações passaram à lenda e da lenda tornaram-se o material de baladas populares que foram cantadas do início ao fim dos tempos medievais e sobreviveram em áreas remotas, como as Ilhas Faroe, até os dias de hoje. As lendas revelam os corações e mentes das pessoas que as preservaram. Estudando as velhas histórias, ficamos conhecendo o que mereceu o apreço dos primeiros pagãos. Continuando a venerar os heróis, criamos um laço com nossos ancestrais culturais e trazemos seu vigor para nossa própria vida.

BEOWULF

A história de Beowulf, um príncipe do sul da Suécia e finalmente rei da Dinamarca, foi escrita entre os séculos VIII e X, mas inclui personagens históricas de acontecimentos que datam do início do século VI, aproximadamente na época do rei Artur. Como a história de Artur, seu conteúdo também pertence à Era Lendária.

Na primeira parte do épico, um monstro chamado Grendel está atacando a morada do rei Hrothgar, da Dinamarca. Beowulf vem ajudar e, num único combate, mata primeiro Grendel e depois a mãe dele, ainda mais monstruosa. Esta história inspirou a segunda metade do filme *O 13º Guerreiro* e já em 2006 foi tema de outros dois filmes. Uma segunda parte do épico retoma a história quando Beowulf, agora um homem velho, já há muitos anos é rei da Dinamarca. Quando um dragão devasta a terra, só o rei e um bravo seguidor estão dispostos a enfrentá-lo e Beowulf conquista uma morte heroica após derrotar seu adversário.

WELAND

A história de Weland (do nórdico antigo Volundr, do moderno Wayland) é sob certos aspectos a mais arcaica das histórias de heróis. Na verdade, não fica claro se ele deveria ser considerado humano, um anão ou um semideus. Ele é mencionado em *Beowulf* e na *Saga de Thidreks*. Uma referência mais completa à sua história ocorre no poema anglo-saxão "Deor" e na "Balada de Weland", um dos poemas mais antigos da *Edda Poética* ou *Antiga Edda* (coleção de poemas sobre os deuses e heróis escrita por volta de 1200). A história conta como o grande ferreiro Weland é capturado pelo rei Nithard, aleijado para não poder escapar e forçado a criar obras grandiosas para seu captor. Ele leva a termo sua vingança matando os filhos do rei e engravidando sua filha; depois, como Dédalo, escapa usando as asas mágicas que fabricou enquanto estava aprisionado.

SIEGFRIED

A interação entre os hunos e os burgúndios deu origem à maior das lendas germânicas, a história de Siegfried (Sigurd em nórdico antigo) e o tesouro dos Nibelungs. Como a história do rei Artur na Grã-Bretanha, está baseada num incidente histórico, neste caso o massacre da casa real burgúndia pelos hunos em 437. Ao redor desse núcleo, agruparam-se as maiores lendas dos povos germânicos, ajudando a preservar a história no *Nibelungenlied* alemão, na *Volsungasaga* nórdica e finalmente nas grandes óperas de Richard Wagner. A primeira metade da história é a narrativa do jovem herói Siegfried/Sigurd, que ganha um anel mágico e um grande tesouro de um dragão e se torna o amado da valquíria Brunhilde, mas é encantado pela magia da rainha burgúndia para esquecer Brunhilde e casar-se com a filha dela, Kriemhild/Gudrun, o que resultará em sua morte pelos gananciosos reis burgúndios. Na segunda parte, Gudrun está casada com Átila, o grande rei dos hunos, que finalmente vinga Siegfried assassinando os irmãos de Gudrun, enquanto o anel e o ouro acabam no Reno.

Esta história é preservada em duas grandes obras e em numerosos poemas e baladas. A referência mais antiga à lenda é um trecho de *Beowulf*. Outras versões podem ser encontradas entre as cantigas heroicas recolhidas na *Antiga Edda*, que inclui poemas sobre alguns dos episódios mais importantes. Particularmente interessante é a "Balada de Sigdrifa", em que Sigurd desperta a valquíria (chamada de Brynhild em outras fontes do nórdico antigo). Ela saúda o mundo numa de nossas mais antigas preces gentílicas. A passagem foi também usada por Wagner na cena da ópera *Siegfried* em que ele desperta Brunhilde. Estas baladas forneceram a base para a prosa da *Volsungasaga*, uma saga familiar cobrindo várias gerações que começa com a origem da linhagem familiar do deus Odin e agrupa todos os elementos da história numa narrativa única. Embora tenha sido escrita após o *Nibelungenlied* (em algum momento do século XIII), a sociedade da Islândia preservou elementos culturais arcaicos que fazem a saga parecer mais antiga.

O *Nibelungenlied* foi composto aproximadamente na mesma época em que as baladas da *Antiga Edda* estavam sendo escritas, mas vem de um mundo muito diferente. A Alemanha do século XIII pertencia plenamente à cristandade medieval. Nesta versão, a maioria dos ornamentos heroicos foram substituídos por elementos cristãos — por exemplo, Brunhilde e Kriemhild brigando por causa do anel nos degraus da igreja —, mas a força essencial da narrativa permanece.

Daí a história passou para o folclore e os heróis do Reno continuaram a ser celebrados em canções escandinavas. O "kvaedhi" dançado das Ilhas Faroe inclui uma trova particularmente rica em que incidentes da *Volsungasaga* são recontados.

TEODORICO

Um herói quase certamente baseado numa personagem histórica é Teodorico. Provavelmente é o mesmo Teodorico — um governante gótico do século VI que governou a Itália de Ravena, onde se encontra sua magnífica tumba — que está mencionado no poema "Deor", em inglês antigo. Uma versão de sua história é preservada na *Thidreks Saga* e no *Dietrich de Berna*, em alemão medieval. Contudo, ele também foi inserido no *Nibelungenlied*, um século antes de sua verdadeira época, como um guerreiro gótico que teria se seguido a Átila.

CAPÍTULO 3

Dos Vikings a Vinland

Agora o copo de chifre chega a Freydis, uma mulher jovem que usa uma blusa plissada e uma túnica de alças no estilo de Birka, a cidade viking sueca, um traje que se expande simpaticamente para acomodar a criança que ela está esperando para um dia desses.

— Acho que eu devia estar saudando todas as mulheres vikings que deram à luz em casas cobertas de turfa com tempestades de neve uivando pelos beirais — Freydis sorri. — Mas em vez disso quero homenagear a rainha Sigrid, às vezes chamada a Insolente. Eu preferia encará-la como uma mulher que sabia o valor que tinha e o que queria. Foi casada primeiro com o velho rei da Suécia e, quando descobriu que os suecos esperavam que cometesse o sati* quando ele morresse, concluiu que não o amava tanto assim e foi embora. — Esperou que o riso diminuísse.

— Quando chegou em casa, Olaf Tryggvason, da Noruega, concluiu que ela seria uma esposa adequada e veio cortejá-la. As coisas estavam correndo bem até Olaf dizer que esperava que ela se convertesse ao cristianismo. Sigrid disse que não via problema no fato de ele cultuar os deuses que muito bem quisesse, mas que ela ia ficar com os deuses de seus ancestrais, obrigado. Nesse momento ele a chamou de "puta pagã" e a esbofeteou. Este foi o fim do noivado. Ela acabou se casando

* Cremação na pira funerária do marido. (N. do T.)

com o rei da Dinamarca e apoiou a coalizão que finalmente derrubou o rei Olaf.

— Então este é para você, Sigrid! — Ergueu o chifre. — Pelo que sei não sou sua descendente, mas se quiser mandar um pouco de seu espírito para esta filha que estou carregando, eu lhe daria as boas-vindas! Hailsa! — Mergulhou o dedo na cerveja, deu pancadinhas com ele na testa, depois na barriga e devolveu o chifre à valquíria.

Saqueadores e Mercadores

Na Europa, os anos entre a queda do Império Romano e a emergência da cultura medieval são conhecidos como Idade das Trevas. Mas enquanto os locais sagrados da Germânia queimavam, na Escandinávia a fé nos velhos deuses estava viva e bem. A mudança chegou gradualmente ao norte, protegido pela distância, dando a trabalhadores em metal e madeira o tempo necessário para desenvolver estilos artísticos característicos, dignos de figurar ao lado das maiores realizações do Mediterrâneo. Entre as peças estão os requintados bracteates* de ouro, que representam nossas mais antigas imagens dos deuses. Amuletos e superfícies de elmos mostram animais totêmicos e atos de culto. No norte, a moda do entrelaçado que tinha se originado entre os coptas do Egito evoluiu para uma concatenação exuberante de elementos artísticos em que o espiritual interpenetra o mundo físico.

Entre os séculos V e IX, a Escandinávia prosperou. Os chefes expandiam seus territórios para se tornarem reis e a população crescia. Quando a pressão sobre o espaço e os recursos aumentou, um povo que havia mantido a tradição guerreira começou a voltar os olhos para as ricas terras ao sul. Cem anos após os ingleses terem abandonado sua fé pela nova religião, o lado sombrio dessa tradição se ergueu contra eles quando os últimos povos germânicos não convertidos atacaram o mosteiro em Lindisfarne. O século que se seguiu viu uma explosão de energia sem precedentes com saqueadores e mercadores nórdicos partindo em todas

* Medalhões pequenos, redondos, de ouro ou prata, com figuras e símbolos. (N. do T.)

as direções, cruzando os mares em suas galeras-dragões cuidadosamente projetadas.

Devemos salientar que em momento algum *todos* os nórdicos se transformaram em vikings. Mas financiar um barco e tripulação era uma boa maneira de deixar filhos mais novos e rebeldes ocupados durante o verão enquanto os herdeiros das quintas permaneciam em casa e davam continuidade à lavoura. Com seu contorno raso, as galeras vikings podiam singrar os rios para pilhar cidades bem interioranas. A princípio os vikings estavam atrás do saque, mas logo perceberam que a verdadeira riqueza do sul estava na terra. Os primeiros e mais fáceis ganhos foram na Inglaterra. Incursões sucessivas vindas da Dinamarca e da Noruega foram tão bem-sucedidas que muitos guerreiros dinamarqueses se casaram com moças locais e viraram sitiantes ou voltaram para buscar suas famílias.

No final do século IX, a Grã-Bretanha foi repartida entre ingleses e dinamarqueses. A área nordeste ficou conhecida como Danelaw [Domínio Dinamarquês] e a cidade de York transformou-se no burgo nórdico de Jorvik, capital de um reino escandinavo que durou cem anos. O Museu Viking em York inclui uma reconstrução de partes da velha cidade viking no local das escavações.

No século XI, o rei Canuto desposou a rainha inglesa Emma e governou um império escandinavo que incluía Inglaterra, Dinamarca e Noruega. Vikings da Noruega saquearam e mais tarde povoaram as costas setentrionais da Escócia e as ilhas Shetland e Orkney, assim como as Faroe, que são equidistantes da Grã-Bretanha, Noruega e Islândia. Nós, que estamos acostumados a olhar para mapas cujo centro é o equador, podemos achar difícil entender por que os vikings julgaram estas ilhas tão estrategicamente importantes. Elas serviam como bases e pontos de escala de onde eles podiam se mover em qualquer direção. As incursões vikings à Irlanda foram seguidas pela criação de um reino, cuja capital foi a ancestral da moderna Dublin. Como York, Dublin tem agora um museu viking onde os resultados das escavações podem ser vistos.

No início do século X, a província na costa norte da França foi cedida a Hrolf, o Capataz, e seus seguidores, sendo rebatizada de Normandia.

Os normandos assimilaram rapidamente a religião e a língua francesas, mas nos séculos que se seguiram a velha energia viking impeliu um grupo de normandos para o sul, ao encontro do reino da Sicília, e levou o duque William, o Bastardo, neto de Hrolf, a conquistar a Inglaterra.

Guerreiros rus da Suécia faziam pressão para leste, remando e transportando seus barcos por terra de um rio para outro em busca de uma rota para Constantinopla. Alguns permaneceram para servir na guarda do imperador Varangian, enquanto outros perceberam que poderiam ganhar mais dinheiro como mercadores que como lutadores. Os entrepostos que criaram ao longo do Volga foram as primeiras cidades da Rússia, terra que ainda leva o seu nome. O relato de um encontro com mercadores rus feito pelo mercador árabe Ibn Fadlan inclui certas informações muito interessantes e inspirou a primeira parte do filme *O 13º Guerreiro*. Em todas essas terras, os recém-chegados acabaram sendo assimilados pelas culturas locais, contribuindo com nomes pessoais, com nomes de lugares e com uma herança da vitalidade viking.

Uma das razões que fizeram nórdicos de fibra começarem a procurar terras em outros lugares durante o século IX foi o fato de que, no seu lar de origem, os senhores estavam fazendo o que podiam para se transformarem em monarcas absolutos no estilo dos governantes da Europa continental. Como os reis germânicos antes deles, os reis escandinavos puderam entender os benefícios de um sistema em que um só rei sob um só deus governava a terra. O *Heimskringla* (Vidas dos Reis Nórdicos), de Snorri Sturlusson, conta a história dos complexos conflitos através dos quais a Noruega se tornou um reino medieval e a crueldade com que seus reis impuseram o cristianismo.

Ilhas no Mar Ocidental

Quando a pressão real aumentou, homens começaram a partir para uma ilha recentemente descoberta no mar ocidental, chamada Islândia. Procuravam, como tantos dos que emigraram para os Estados Unidos fariam mais tarde, liberdade política e religiosa. As povoações criadas por esses primeiros colonos desenvolveram uma cultura nórdica singular, à qual devemos o tesouro de sabedoria que é a base do moderno Asatrú.

Na época da tomada da terra, o clima da Europa havia esquentado o suficiente para transformar uma ilha logo abaixo do círculo ártico numa proposta viável. Apesar de seu nome*, mesmo hoje o clima da Islândia é relativamente suave. Geologicamente, a Islândia é uma ilha muito jovem e ativa, uma terra de fogo e gelo cujos traços naturais são uma óbvia inspiração para o imaginário relativo aos elementos na mitologia nórdica da criação. A fenda onde as placas continentais da Europa e da América do Norte se juntam corre por ela; é o único lugar onde as placas se encontram em terra firme. Quando os nórdicos chegaram, encontraram um país cujas áreas costeiras eram ricas em prados e bétulas silvestres e cujas águas estavam cheias de peixes, embora a parte central da ilha fosse, como é até hoje, uma terra árida, cheia de geleiras e fluxos de lava. Os primeiros nórdicos a chegar reservaram para si grandes extensões de terra que, mais tarde, subdividiram em lotes para seus seguidores.

Nosso conhecimento do povoamento e história da Islândia vem principalmente das sagas, narrativas em prosa de uma qualidade inigualada em qualquer outra parte da Europa até o Renascimento, talvez a realização maior da literatura escandinava. Escritas durante os séculos XIII e XIV, incluem sagas familiares passadas 200 ou 300 anos antes, durante o período da república islandesa, que é também conhecido como a Era da Saga. Outras sagas (como a *Volsungasaga*) preservaram a primitiva tradição germânica, fizeram a crônica das histórias dos reis nórdicos ou apresentaram versões nórdicas dos romances europeus de cavalaria, como a história de Tristão e Isolda. A literatura também incluía vidas de santos e relatos de fatos ocorridos no período medieval.

O mais interessante de nosso ponto de vista são as sagas familiares, que se concentram nos conflitos e atividades (incluindo as práticas religiosas) das pessoas comuns. Embora seus autores fossem cristãos, o processo de conversão na Islândia tinha sido gradual (ver Capítulo 4) e eles estavam escrevendo sobre seus ancestrais recentes. Mesmo que

* Islândia vem de Iceland, Terra do Gelo. (N. do T.)

certos incidentes tenham sido exagerados em busca de efeito dramático, podemos aceitar boa parte do material como autêntico. Assim, os gentios possuem mais informação sobre a prática pré-cristã de sua religião do que qualquer outra tradição pagã reconstituída (exceto o helenismo) pode reivindicar.

As outras grandes fontes de informação sobre a religião gentílica são a *Edda Poética* ou *Antiga Edda* e a *Edda* escrita por Snorri Sturlusson (também conhecida como *Edda em Prosa)*, um texto didático para poetas que resume as histórias e analisa a técnica de escrever o estilo de poesia popular extremamente complexo da Escandinávia durante o início dos tempos medievais.

As primeiras obras históricas, o *Islendigabók* (O Livro dos Islandeses) e o *Landnamabók* (O Livro da Conquista da Terra), foram escritas na primeira metade do século XII. Sagas mais tardias, como a *Laxdaelasaga*, também proporcionam relatos de como os primeiros colonos chegaram da Noruega e tomaram posse da Terra. Quando a Islândia começou a ficar cheia demais, Erik, o Ruivo, conduziu um grupo de colonos para a terra que chamou de Groenlândia [Greenland, Terra Verde], um nome propositalmente escolhido para torná-la atraente. As viagens nórdicas para a América do Norte estão descritas em *Saga de Erik, o Ruivo*, e *A Saga da Groenlândia.*

As costas meridionais da Groenlândia tinham bons pastos, eram ricas em caça e durante algum tempo a colônia prosperou. Da Groenlândia, o filho de Erik, Leif, o Venturoso, liderou uma expedição que alcançou no ano 1000 a costa norte-americana. A localização exata do lugar que ele chamou de Vinland ainda é controversa, mas indícios arqueológicos de um povoamento nórdico temporário foram encontrados em L'Anse aux Meadows, na costa norte da Terra Nova. Os groenlandeses continuaram a visitar durante alguns anos a América do Norte para extrair madeira, mas não foi encontrado qualquer indício de um assentamento permanente. A Pedra de Runa de Kensington, encontrada no Minnesota em 1898, é quase certamente uma falsificação.

Templo e Salão

Nas sagas, alguém que tem uma profunda devoção a um dos deuses é conhecido como "Thorsvin" ou "Freysvin"— o "amigo" de Thor ou Frey. Este modo de se referir à relação parece típico da atitude nórdica para com seus deuses. Em vez de abordar o deus como manipulador ou suplicante, o gentio se aproxima de suas divindades como aliado. Isto era literalmente verdadeiro no caso daqueles heróis levados pelas valquírias de Odin para juntar-se às hostes do Valhala, mas havia um sentimento de que todos os deuses e seres humanos eram aliados na luta para manter uma ordem produtiva contra as forças do caos no mundo.

Sacerdotes "profissionais" são mencionados em fontes continentais e como parte do culto real em Uppsala, na Suécia. É também na Suécia que escutamos falar de um templo do deus Frey, cujas propriedades eram administradas por uma sacerdotisa em tempo integral, considerada "esposa" do deus. Contudo, entre os nórdicos ocidentais e islandeses não havia clero em tempo integral. Na Islândia, o termo *gothi* (também grafado *godhi*) refere-se ao homem mais notável de um distrito, a quem os outros juravam lealdade. Ele os representava no Allthing, a instituição islandesa que combinava as funções de congresso e corte suprema. No período pagão, ele era também responsável por fazer as oferendas e atuar como anfitrião no banquete dos grandes dias sagrados sazonais. Quem era amigo dos deuses podia construir um santuário para a divindade e agir como seu sacerdote para aqueles que precisassem, mas continuava como agricultor em tempo integral.

O hof* construído por Thorolf Mostersegg e descrito no *Eyrbyggja-saga* (Capítulo 4) era um grande prédio com uma porta de um dos lados. No interior, o lugar era dividido na área pública e no santuário, que consistia de uma área parecida com a de um coro de igreja com uma plataforma que servia de altar. Os acessórios do templo incluíam o anel de juramento, que era usado pelo sacerdote nas cerimônias, uma tigela para o sangue das oferendas e a vareta usada para borrifá-lo. Em volta

* Templo. (N. do T.)

dessa plataforma ficavam as imagens dos deuses. Não era preciso a intervenção de um sacerdote para invocar os deuses, nem se pedia que todos os reverenciassem. Na realidade, alguns guerreiros preferiam fiar-se em suas próprias forças. As pessoas reverenciavam todos os deuses ou um deles ou nenhum. Para os gentios, a prática religiosa era uma questão de opção individual, não convenção comunitária. Muitos mercadores vikings aceitavam o batismo para poder negociar com os cristãos e achavam difícil entender por que os padres cristãos ficavam transtornados quando eles acrescentavam uma imagem de Jesus às estátuas no altar da família.

A devoção a uma divindade específica podia se transformar numa tradição da família. Alguns dos primeiros colonos na Islândia levavam colunas esculpidas dedicadas a Thor, que atiravam pela amurada quando se aproximavam da costa para que o deus pudesse mostrar-lhes onde desejava que desembarcassem. O Jarl Hakon, de Halogaland, na Noruega, cultuava duas deusas que talvez fossem ancestrais divinizadas: Thorgerda Hölgabrúdh e sua irmã, Irpa, que ajudavam Hakon com magia de batalha em tempo de necessidade. Odin parece ter sido a divindade protetora da linhagem de Egil Skallagrimsson.

Reis e líderes guerreiros faziam sacrifícios a Odin antes da batalha e todos faziam oferendas aos deuses nos grandes banquetes realizados em Yule e Ostara. Contudo, em termos do dia a dia, os seres com quem as pessoas trabalhavam mais intimamente eram com frequência os ancestrais e os *wights* — os espíritos da granja, do campo e da floresta, com quem compartilhavam a terra.

O modo como o nórdico antigo compreendia os *vaettir* ou *wights* parece ter sido muito parecido com aquilo a que os seguidores da religião xintoísta se referem como *kami*. Um *wight* é um espírito ou ser sobrenatural que é associado com ou é manifestado por um lugar ou situação. No essencial, qualquer coisa que tenha uma identidade pode ter um *wight*. Mais comum no saber tradicional são os *wights* da terra (*landvaettir*), espíritos diversos associados com acidentes naturais como pequenos bosques, rochas e quedas d'água, e os seres que moram em casas, celeiros, minas e navios. Sob diferentes denominações, tais seres são encontrados no folclore de toda cultura.

Antigas convenções de denominação raramente são precisas e os *wights* também podem ser chamados de anões ou elfos (nórdico antigo, *alfar*). O *alfar*, no entanto, pode se referir também aos espíritos ancestrais masculinos ou os ancestrais podem se tornar espíritos da terra — segundo uma teoria, o *ármadhr*, ou homem da colheita, que guardava o campo doméstico, era o espírito do primeiro homem a cultivar aquele pedaço de terra. Os ancestrais de uma linha familiar eram reverenciados por seus descendentes no festival do início do inverno. Reis cujos reinos tinham sido prósperos recebiam oferendas em seus montes tumulares e podiam assumir o status de semideuses. As famílias eram também guardadas por espíritos ancestrais femininos chamados de *disir*. Para o nórdico do período viking, o mundo estava cheio de espíritos que podiam ajudar ou prejudicar. A tradição de fazer oferendas aos *wights* persistiu nas áreas rurais da Escandinávia e ainda é praticada na Islândia.

CAPÍTULO 4

Conversão

Agora Karen oferece o chifre a um rapaz louro, cuja barba brotando parece tão nova quanto seu prateado martelo de Thor. Ele agarra o chifre como se tivesse medo de deixá-lo cair.

— Oi, todos vocês! — Crava os olhos no chifre. — Meu nome é Cliff e esta é a primeira vez que venho aqui. Quero agradecer a todos por me deixarem entrar. — A atmosfera fica mais cordial e ele se atreve a erguer os olhos. — Andy foi quem me trouxe — diz ele, movendo a cabeça para o rapaz sentado a seu lado. — Esbarrei com Andy nas estantes da biblioteca da universidade. Nós dois estávamos tentando achar um exemplar traduzido do *Islendigabók*. Tenho lido tudo que consigo encontrar sobre os vikings e sobre o que eles acreditavam. Não imaginei que a coisa pudesse ter interessado a mais alguém... na época moderna, é claro. Só sei que não consigo mais ir à igreja de meus pais. Um deus que espera que todos os seus fiéis sejam ovelhas não faz sentido pra mim. E quando falo a Thor tenho a sensação de que alguém está ouvindo. — Ele fica vermelho, limpa a garganta e continua:

— Mas já que agora estamos reverenciando ancestrais, quero brindar ao governador da Islândia que conseguiu firmar o pacto de que as pessoas, mesmo sendo oficialmente cristãs, poderiam manter alguns costumes antigos, razão pela qual temos toda essa informação que encontrei na biblioteca.

O *Islendigabók* é a primeira saga histórica, escrita pelo sacerdote Ari, o Sábio. O governador em questão era um pagão chamado Thorgeir Thorkelsson, de Ljósavatn, e o líder cristão, Sidhu-Hallr, foi o homem que se recusou a levar os correligionários a uma guerra civil e pediu que Thorgeir firmasse um pacto capaz de permitir que a Islândia sobrevivesse como nação unida e independente. Thorgeir enrolou-se em seu manto e foi meditar. Quando saiu do isolamento, sugeriu que preservassem a paz tornando-se oficialmente cristãos — cristãos pelo menos em público —, mas permitindo que as pessoas fizessem o culto que quisessem quando estivessem em casa. Assim, a conversão da Islândia, que oficialmente ocorreu no ano 1000, foi gradual e feita sem rancor. Os islandeses, considerados os melhores poetas da Escandinávia, continuaram a usar a velha mitologia como base de sua obra. Graças a isso, quando o povo começou a registrar por escrito sua sabedoria, ela não estava esquecida. E mesmo quando pararam de reverenciar os deuses, as pessoas continuaram a fazer oferendas aos espíritos da terra. Infelizmente, o grande compromisso islandês, que permitiu uma conversão pacífica, parece ter sido um caso único nos anais do cristianismo.

Para o paganismo moderno, a questão de quando, como e por que aqueles que poderiam ser chamados de últimos "falantes nativos" da velha religião se converteram à nova é de suma importância. Teriam os velhos deuses fracassado? Estariam as pessoas cansadas dos velhos costumes? Ou haveria outras razões, com pouca relação com as verdadeiras necessidades ou desejos das pessoas?

Conversão da Era da Migração

A maioria das tribos germânicas que invadiram terras de Roma convertera-se primeiro à forma ariana da religião cristã. Teologicamente, a principal diferença parece ter sido que o arianismo via Jesus como subordinado em vez de igual a Deus, o Pai. Na prática, havia algumas diferenças no ritual. Os arianos faziam seus cultos ao anoitecer e talvez tivessem um ritual um pouco mais simples. Há pelo menos uma acusação de um escritor antiariano, Virgílio (em *Dois Livros contra o*

Ariano Herético Palladius), de que os sacerdotes arianos usavam argolas no pescoço e nos braços, podendo assim ter preservado alguns costumes pagãos. Para os católicos ortodoxos, é claro, eles eram heréticos e, quando um general romano pagão comandou os exércitos do império contra os bárbaros arianos invasores, os bispos cristãos mal sabiam para que lado rezar.

INGLATERRA

Os cristãos romano-britânicos que tinham vivido no sudeste da Grã-Bretanha foram mortos, escravizados ou fugiram diante dos anglos, saxões e jutas, que colonizaram a terra após as grandes invasões do século V. Durante o século VI, missionários celtas do País de Gales e da Irlanda tentaram difundir a palavra entre os pagãos do continente, mas deixaram a Inglaterra em paz. Assim não houve nem oportunidade nem pressão para os recém-chegados adotarem a cultura e religião cristãs, e os primeiros reinos ingleses continuaram sendo tranquilamente pagãos, cultivando linhagens reais que faziam sua descendência remontar a Wotan ou Ing.

O começo do fim do paganismo anglo-saxão foi assinalado pela chegada do missionário Augustine de Canterbury em 597. Fora enviado pelo papa Gregório, que ao que parece tinha visto alguns rapazes ingleses escravos em sua juventude, chamando-os "não anglos, mas anjos!". A história completa pode ser encontrada na *Ecclesiastical History of the English People*, do Venerável Bede. O processo seguiu o padrão comum da imposição pelo alto a partir dos reis que tinham sido trazidos para a órbita do cristianismo por aliança ou casamento.

Os primeiros cristãos do Império Romano podem ter sido escravos e gente pobre, mas em cinco séculos a igreja havia aprendido que era muito mais eficiente converter primeiro os governantes e deixar a cargo deles a tarefa de impor a nova fé aos súditos. Na Inglaterra, Augustine procurou primeiro o rei Aethelberht de Kent, que era casado com a filha do rei (cristão) de língua franca Charibert, razão que explica por que Canterbury é até hoje o primeiro bispado da Igreja da Inglaterra. A filha dos dois se casou com o rei Edwin da Northumbria, dando à nova religião uma posição segura no norte. Diz-se que Coifi, que fora chefe do clero gentílico, converteu-se porque muitos que tinham sido menos ativos que ele no serviço dos deuses haviam conseguido maiores recompensas. Não somos informados se as esperanças de prosperidade de Coifi em sua nova religião se concretizaram. Nem o novo deus preservou o rei northumbriano, que caiu em batalha contra uma aliança entre Gália e Mércia.*

Contudo, a despeito dos reveses, os cristãos foram persistentes e um reino após outro passou para a nova fé. No fim do século VII, a maioria dos reinos tinha comunidades cristãs e reis cristãos permanentes, que se não eram praticantes haviam pelo menos sido batizados. Mesmo o rei Penda, de Mércia, permitiu que o filho fosse batizado ao se casar com uma princesa cristã. Penda deu franca autorização para que os novos sacerdotes pregassem sua religião, mas foi eloquente na condenação dos que não conseguiam praticar as virtudes em que diziam acreditar. Também ele morreu lutando e embora o vigor com que bispos ingleses continuaram pregando contra costumes gentios durante os séculos seguintes sugira que a conversão não foi completa, o cristianismo tinha se tornado a religião oficial das Ilhas Britânicas.

ALEMANHA

Como os visigodos e outras tribos que se fixaram no Império Romano, os francos tinham se tornado cristãos no início do século VI. Uma vez que seu domínio sobre a Gália estava seguro, voltaram a se concentrar na submissão dos povos que então habitavam as terras de onde eles tinham vindo. Campanhas sucessivas deram-lhes a vitória na Frísia, na Turíngia e na Alamannia. Durante o século VII, eles encorajaram o trabalho missionário dos monges irlandeses e, após a conversão da Inglaterra, os missionários começaram a vir também daquele país.

Os sacerdotes ingleses Wilfrid e Willibrord foram enviados para a Frísia, mas a forma do cristianismo a que tentaram converter os nativos

* Antigo reino anglo-saxão. (N. do T.)

era franca. O duque Radbod, da Frísia, concordou em tomar instrução religiosa. Na *Vita Vulframni*, ficamos sabendo que, quando estava prestes a ser batizado, informaram-no que, embora ele próprio fosse para o céu, seus ancestrais estavam no inferno, o que o fez mudar de ideia, pois não queria ficar separado dos seus na vida após a morte.

Mas no século VIII a dinastia merovíngia estava fracassando. Coube aos carolíngios que os sucederam, e em particular a Carlos, o Grande, impor a nova religião pela força aos povos conquistados. Pepino, que tirou a monarquia das mãos do último merovíngio, foi o primeiro monarca franco a ser coroado por ritos cristãos. Carlos Magno fez o processo dar um passo à frente em 800, quando foi nomeado Sagrado Imperador Romano pelo papa.

A campanha de Carlos Magno contra os saxões começou como represália a incursões no Reno, mas se transformou numa cruzada, cumprida a ferro e fogo. Em 772, ele penetrou profundamente em território saxão. Seguindo o exemplo de São Bonifácio, que tinha abatido o carvalho de Donar em Geismar, destruiu o Irminsul, a grande coluna associada ao deus Tyr, que era o foco da espiritualidade e da lei saxônicas. Chefes saxônicos conquistados foram batizados — quando necessário depois de atordoados por golpes de porretes para se manter quietos durante a cerimônia. Em retaliação por uma incursão saxônica em 782, Carlos Magno massacrou 4 500 prisioneiros em Verden, levando a uma rebelião ainda mais generalizada. Os éditos antipagãos dos anos que se seguiram deixam claro que os conquistados não desistiam de maneira fácil de sua religião.

A Conversão da Escandinávia

Depois da morte de Carlos Magno, seu império começou a se fragmentar. O zelo cruzado que havia convertido os frísios se dissipou antes que os francos pudessem se atracar com a Dinamarca. Assim, a vida religiosa, senão política, da Escandinávia continuou pacífica. Do início ao fim do século IX, homens da igreja rezaram para ficar livres da fúria dos vikings, que se tornavam ainda mais terríveis pelo fato de serem pagãos.

Mas quando os homens do norte começaram a se instalar em vez de se limitarem às incursões, muitos julgaram útil adotar a mesma fé que seus vizinhos e, no turbulento clima político do século X, príncipes nórdicos exilados perceberam que a conversão à religião dos reis junto aos quais tinham encontrado abrigo poderia lhes render apoio e aliança.

A Dinamarca foi a primeira a cair, quando o rei Harald Bluetooth adotou a nova religião e não apenas a impôs ao povo mas também, retroativamente, a seus pais, como proclamou na grande pedra rúnica que foi erguida em Jelling, quando ele transferiu seus restos mortais dos montes tumulares para a igreja construída lá. Em teoria, os bispados dinamarqueses já tinham começado a existir. A conversão, no entanto, pode ter tido como objetivo privar os alemães, a quem Harald pagava tributo, de uma razão para invadir a Dinamarca. Fossem quais fossem os motivos de Harald, quem se recusou a cumprir sua ordem de se converter foi forçado a fazê-lo.

Na Noruega, o rei Harald Hairfair, de vida longa e muitos casamentos, permaneceu pagão até a morte, mas quando seus muitos filhos começaram a brigar por causa do reino, às vezes alianças cristãs lhes pareceram úteis. O mais velho, Eric Bloodaxe, foi batizado com a esposa, a rainha Gunnhild, durante um de seus períodos de exílio no reino viking da Inglaterra. Hakon, o filho mais novo de Harald, foi criado pelo rei Aethelstan da Inglaterra, que o educou como cristão. O bisneto de Harald, Olaf Tryggvason, foi introduzido no cristianismo quando rapaz, ao se refugiar nos principados nórdicos da Rússia. Após tomar o poder na Noruega, todos esses reis tentaram impor a nova religião a seus compatriotas.

O mais tolerante desses reis cristãos foi Hakon, o único dos filhos de Harald a ser denominado "o Bom". Hakon, que foi chamado ao trono pelo vice-rei pagão, Sigurd de Lade, quando seu irmão mais velho, Eric, se mostrou um tirano, foi de fato um bom rei que respeitava os direitos do povo. Quando Hakon lhes disse que deveriam se converter ao cristianismo, responderam que tinham achado que Hakon estava lhes trazendo liberdade, mas que agora ele estava tentando...

> ...nos amarrar de novo à servidão com este estranho conselho, de termos de renunciar à fé que nossos pais e todos os nossos antepassados tinham antes de nós, primeiro na era ardente e agora na era surda; eles eram muito maiores que nós e esta fé sempre nos serviu bastante bem... [Nós] todos te seguiremos e te sustentaremos como rei, enquanto houver pelo menos um dos teus apoios aqui na assembleia, se tu, ó rei, fores indulgente conosco e nos exigires apenas as coisas que podemos te dar e cujo cumprimento não nos pareça impróprio. ("The History of Hacon the Good" — A História de Hakon, o Bom —, citado em Sturlusson, 1990, Cap. 15).

Seja como for, os correligionários (agricultores livres), que haviam até então tolerado os estranhos costumes de seu rei, agora exigiam que Hakon se juntasse a eles no banquete de outono, em vez de comer separadamente. E quase se rebelaram quando o rei se recusou a comer a carne de cavalo ofertado em sacrifício ou a beber do chifre em honra de Odin. Por fim, Hakon teve de se comprometer a respirar no vapor do caldo em que a carne havia sido cozida ("Hakon", citado em Sturlusson 1990, Capítulo 17). Assim, Hakon conservou a lealdade de seu povo e foi capaz de repelir os filhos de Eric por outros vinte anos. Embora tenha vencido a última batalha que travou, morreu devido aos ferimentos, e o bardo Eyvind o reivindicou para a antiga fé no poema "Hakonarmál", em que as valquírias levam Hakon para o Valhala.

O poema termina com as palavras:

> A fartura acaba, os parentes morrem,
> A terra é deserto enrugado.
> Desde que Hakon passou para os deuses gentílicos
> Muitos são servos e escravizados.
>
> ("History of Hacon",
> citado em Sturlusson, 1990, Cap. 32)

E assim foi quando Olaf Tryggvason chegou ao poder. Durante anos e anos, muitos homens tinham consentido em ser batizados para poder negociar com a Europa cristã ou concordavam em fazê-lo quando recebiam ordens de um senhor feudal cristão. Alguns chefes deram boas-vindas aos missionários e construíram igrejas para encorajar os mercadores cristãos a irem negociar. Mas os homens do norte ganharam a fama de retornar a seus velhos costumes.

O rei Olaf resolveu pôr um ponto final nisso. Dos que não foram persuadidos por ameaças ou promessas, "alguns ele assassinou, outros mutilou, outros ainda expulsou da terra" ("History of Olaf Tryggvason", citado em Sturlusson, 1990, Cap. 53). Olaf saqueou os templos pagãos e destruiu as imagens dos deuses. Os que eram chamados de "magos troll" (os que trabalhavam com magia) foram afogados ou mortos pela colocação de uma tigela cheia de brasas sobre a barriga. Um chefe de clã foi morto sendo forçado a engolir uma cobra venenosa.

Durante esse período também estava ocorrendo o assalto cristão à Islândia. Alguns dos que tinham emigrado para esse país estavam procurando escapar da agressão política e religiosa dos reis nórdicos e os missionários passaram por um mau momento. Os skalds* falaram do conflito como de uma batalha entre Cristo e Thor. Como já mencionei mais acima, a situação foi resolvida por um compromisso no mesmo ano em que Olaf Tryggvason foi morto.

O terceiro dos "reis conversores" tinha o apelido de "Digri", que pode ser traduzido como "o gordo", "o que tem a língua solta" ou o "cheio de si", embora ele seja conhecido pela história como Santo Olavo. Fora batizado quando criança por ordem de Olaf Tryggvason, que ficou sendo seu padrinho. Segundo Snorri, como rei:

> Ele investigava o cristianismo dos homens e, quando este lhe parecia faltar, deixava-os cientes dos bons costumes, chegando a decretar tanto acerca disso que, se houve alguns que não quiseram deixar a religião gentia, ele os expulsou da terra; alguns tiveram os pés ou as mãos decepados ou os olhos arrancados; outros ele mandou enforcar

* Poetas escandinavos. (N. do T.)

ou matar a machadadas, mas dos que não quiseram servir a Deus ele não deixou nenhum sem punição.

("História de Santo Olavo",
citado em Sturlusson, 1990, Cap. 73)

Finalmente, Olaf conseguiu voltar tantos de seu povo (tanto cristãos quanto pagãos) contra si que também ele foi morto. Seus sucessores acharam conveniente proclamá-lo santo, embora durante sua vida Olaf tivesse se destacado pelo zelo de cruzado, não por qualquer tipo de santidade. Como P. H. Sawyer propõe: os governantes escandinavos "tinham descoberto que grandes vantagens o cristianismo poderia conferir aos reis e só isso pode explicar a extraordinária ferocidade com que evangelizavam" (1982, p. 139).

Terra do Rei Olaf

Nos anos que se seguiram, a nova religião intensificou seu domínio sobre a terra. Igrejas foram construídas nos montes tumulares dos nobres mortos ou nos locais de templos pagãos demolidos, e os bispos se tornaram poderosos na terra. As festas sagradas se transformaram em dias santos, embora muitas práticas gentílicas fossem conservadas. As velhas crenças perduraram durante muito tempo no campo e, como aconteceu na Islândia, os espíritos da terra eram venerados mesmo quando os velhos deuses já tinham sido rejeitados.

Assim como a cultura do mundo mediterrâneo estava baseada na literatura greco-romana, a mitologia germânica continuou sendo a base da cultura setentrional. Os dias da semana continuaram a levar os nomes dos deuses. Até hoje, nomes de pessoas na Escandinávia, como Torbjorn ou Saga, também os recordam. Até mesmo o cristianismo do norte adquiriu um sutil tempero pagão. Cenas de Sigurd (Siegfried) matando o dragão foram gravadas nos portais das igrejas, uma cruz da Ilha de Man mostra Odin sendo devorado pelo Lobo. Uma versão saxã do evangelho, o "Heliand", mostra Jesus como rei e os apóstolos como seu grupo de guerreiros. As velhas histórias sobreviveram em baladas e contos folclóricos, ainda que de forma alterada. Histórias da Caça Selvagem que cavalga na época do Yule são encontradas da Alemanha à Noruega, encabeçadas por figuras históricas como Dietrich de Berna, Gudrun e Sigurd, que apesar de ser chamado de "Sigurd Swain" — "Sigurd o Jovem" — é descrito como velho e meio cego. Um folclore atribuindo diferentes condições meteorológicas a Thor ou Loki era ainda comum no século XX.

Devemos a Snorri Sturlusson a sobrevivência de boa parte da mitologia. Escrevendo dois séculos após a conversão, ele organizou as velhas histórias num manual para poetas. Como mencionei mais acima, uma grande quantidade de informação sobre crença e prática foi também incluída nas sagas islandesas. Além disso, famílias islandesas conservaram seus acervos sobre as fontes antigas. Isto ainda é verdadeiro — na década de 60, um artista que conheci bancou uma viagem ao redor da Islândia ilustrando coleções sobre as sagas nas casas de fazenda onde ficava hospedado.

O catolicismo da Escandinávia medieval adotou e adaptou os velhos costumes onde não pôde ignorá-los. Embora a reforma protestante tenha introduzido uma religião de maior severidade, o desenvolvimento das igrejas nacionais estimulou um interesse pela herança nacional. A luta de Arminius contra os romanos descrita na *Germania*, de Tácito, impressa pela primeira vez em 1472, foi vista como precursora da luta dos protestantes alemães contra Roma. Na Inglaterra, a dissolução dos mosteiros por Henrique VIII tornou suas coleções de manuscritos disponíveis para os antiquários ingleses.

No século XVII, estudiosos da Dinamarca (que nessa época controlava tanto a Noruega quanto a Islândia) estavam desenvolvendo um interesse pelas antiguidades escandinavas.

Ao mesmo tempo que funcionários dinamarqueses tratavam a Islândia como um país conquistado, o rei estava ordenando que os bispos apresentassem relatórios sobre todos os monumentos e outras antiguidades de suas dioceses. Manuscritos foram reunidos e canções e contos folclóricos registrados por escrito. Missionários que trabalhavam entre os samis* registraram crenças que preservavam uma influência nórdica. Johannes Bureus compilou inscrições rúnicas suecas e deu início ao estudo da sabedoria rúnica.

Embora a religião tenha sido suprimida, a sabedoria permaneceu e os velhos deuses, sepultados no inconsciente coletivo dos povos germânicos, esperaram ser chamados mais uma vez por homens e mulheres.

* Povo da região ártica. (N. do T.)

CAPÍTULO 5

As Raízes do Renascimento

O chifre chegou a Caroline, uma jovem atlética de licença da Força Aérea Americana. Ela olha ao redor do círculo e sorri.

— Cliff descobriu a fé gentílica em livros. Eu a obtive da música. Meus pais não gostavam muito de religião, mas adoravam ópera. Fui criada com o ciclo do *Anel*... Não, não me refiro ao *Senhor dos Anéis*, embora também tenha lido isso... Me refiro à história de Siegfried e Brunhilde. Eu queria ser uma valquíria quando crescesse... — Acenou com a cabeça para Karen. — Não conhecia bem o tipo. Seja como for, ouvir aquela música era uma experiência religiosa para mim. Na música, encontrei um mundo cheio de magia e feitos heroicos. Pode-se dizer que cheguei ao Asatrú através das óperas de Wagner, por isso eu gostaria de erguer este chifre num brinde em sua homenagem!

Alguns viram o abandono nórdico dos velhos costumes como o Ragnarök, o fim do mundo gentílico, que foi substituído pelo novo mundo do cristianismo. A quarta ópera do ciclo do *Anel* chama-se *Götterdämmerung*, o que pode ser traduzido como "o Crepúsculo" ou "a Morte" dos deuses. Mas os deuses morreram ou foram empurrados para o "crepúsculo" do inconsciente, à espera de que os trouxéssemos de novo para a luz do dia?

O Romance do Passado

Num certo sentido, é claro, os velhos deuses nunca foram esquecidos. Ainda que fragmentados e distorcidos, seus nomes e histórias sobreviveram nas terras onde eles haviam sido cultuados. Mas durante os séculos XVII e XVIII, a *intelligentsia* da Europa estava trabalhando para criar uma única cultura "iluminada", assim como os pensadores medievais tinham procurado transformar todas as terras em parte de um cristianismo unido. Só no início do século XIX as coisas começaram a mudar. Novas ideias sociais desafiavam as velhas hierarquias. Indivíduos em busca de liberdade procuravam apoio de outros que compartilhavam sua cultura. A luta pelos direitos do homem transformou-se na defesa dos direitos dos povos, e nações emergentes procuraram uma identidade num passado idealizado.

Por toda a Europa, estudiosos e românticos começaram a explorar o folclore e as lendas de suas terras nativas. Nos países germânicos, eles se voltaram da cultura do mundo mediterrâneo para suas próprias culturas. O sueco Gotiska Förbund estudou a antiga literatura nórdica e pregou uma reforma política. Na Alemanha, Jacob e Wilhelm Grimm reuniram sua famosa coleção de contos de fadas. Jacob foi um dos pais da moderna filologia e, em 1844, completou sua obra-prima, a *Mitologia Teutônica* em quatro volumes, que pesquisava as conexões entre a mitologia nórdica e as remanescentes tradições folclóricas da Alemanha, e que continua sendo uma das fontes mais úteis de informação sobre a religião gentílica.

Na Inglaterra, a publicação de antigas baladas e a primeira tradução da *Edda Poética* avivou o interesse pela antiga Escandinávia. Edward Gibbon escreveu com admiração sobre os alemães que lutaram contra o Império Romano e ensaios de Thomas Carlyle louvavam as virtudes heroicas do norte. O poeta Matthew Arnold escreveu sobre Balder e Algernon Swinburne sobre Hertha. Lá para o fim do século XIX, o escritor e artista William Morris viajou para a Islândia e publicou sua própria tradução da *Volsungasaga*.

Mesmo nos Estados Unidos a canção do norte foi ouvida. Henry Wadsworth Longfellow ligou os vikings ao Novo Mundo em seu poema "The Skeleton in Armor" [O Esqueleto de Armadura] e recontou uma série de histórias do *Heimskringla*, de Snorri Sturlusson, na coleção *Tales of a Wayside Inn* [*Contos de uma Estalagem de Beira de Estrada*].

A história de Siegfried já tinha sido tratada por vários poetas e teatrólogos alemães no início do século XIX, mas a tradição italiana ainda dominava a ópera quando Richard Wagner apresentou seu monolítico drama musical em 1876. Alguns consideraram a nova música chocante, outros se tornaram "wagnerianos" entusiásticos. Baseando-se fundamentalmente na história como contada no *Volsungasaga*, Wagner criou uma nova versão da lenda, expressando suas próprias ideias sobre sociedade, vida e amor. Na versão de Wagner, o Anel, que fora um elemento de menor importância no original, transforma-se num talismã que dá extremo poder a seu dono. Mas a maldição de seu criador leva morte a todos que o usam. O deus Wotan (Odin), ele próprio seduzido brevemente pela tentação do Anel, não pode apoderar-se dele sem quebrar os pactos que mantêm a ordem no mundo. Só criando um ser — o neto Siegfried — que é totalmente livre, pode ele devolver o ouro às donzelas do Reno e anular a maldição. No momento em que a valquíria Brunhilde, que é a bem-amada de Siegfried, finalmente entende o que tem de ser feito e por quê, a ópera já explorou inteiramente os conflitos entre liberdade e responsabilidade, cobiça e sacrifício, amor e ânsia pelo poder.

Nos anos que se seguiram, a valquíria se tornou o ícone de uma soprano operística e Siegfried o arquétipo do herói, mas é Wotan, empenhando-se, sendo conivente e perambulando pelo mundo enquanto procura um meio de salvá-lo, que traz de volta a consciência dos deuses do norte. Cantores modernos têm relatado que atuar no ciclo do *Anel* é "quase uma experiência religiosa". Muito antes de passar pela cabeça de alguém que talvez fosse possível praticar realmente os velhos costumes, a música de Wagner estava deixando as pessoas conscientes de um poder espiritual muito diferente da fé que elas conheciam.

Sangue e Solo

Durante os primeiros anos do século XX, escritores e artistas como Guido "von" List (o criador das runas armânicas) e Ludwig Fahrenkrog estavam promovendo um novo misticismo baseado na lenda germânica e intimamente ligado à terra. Infelizmente, esta primeira tentativa de reconstruir a antiga religião foi prejudicada pelas tentativas de misturá-la com astrologia, teosofia e cristianismo esotérico. Para alemães que ainda tentavam forjar uma identidade nacional com os recentemente unidos estados alemães, a religião nativa proporcionava símbolos úteis, mas a distinção entre identidade cultural e racial se embaçou. Na Alemanha (assim como na Grã-Bretanha e nos Estados Unidos), as teorias de Charles Darwin acerca da sobrevivência do mais apto haviam inspirado, entre outras coisas, a ideia de que os seres humanos deveriam usar a reprodução seletiva para melhorar a própria espécie, como eles faziam com seus animais. Quando este conceito encontrou o antissemitismo herdado do cristianismo medieval, gerou uma ideologia mortífera de ódio racial.

Tenho de enfatizar aqui que o racismo não tem base no saber tradicional. Para os antigos povos germânicos, a relação importante era com a família imediata e extensa ou clã. Além disso, havia a lealdade a um rei ou chefe guerreiro. A tribo era uma coleção de clãs e famílias que seguiam um determinado chefe. O fato de outras tribos serem inimigas ou aliadas dependia dos interesses serem comuns ou conflitantes, não da raça, como pode ser visto pelo tratamento que Átila e os hunos recebem nas histórias de Siegfried e pelo fato dos vikings fazerem escravos por onde quer que incursionassem, independentemente de raça ou religião. Nacionalidade foi, sem dúvida, um conceito bastante tardio. O preconceito contra os judeus, em particular, foi uma excrescência do cristianismo europeu que jamais teve raízes na Escandinávia. Provou-se, contudo, fatalmente atraente para alemães procurando um bode expiatório para seus sofrimentos após a Primeira Guerra Mundial.

Muito foi escrito sobre as "raízes ocultas" do nazismo. Seus próprios textos, no entanto, indicam que, embora eles possam ter adotado alguns símbolos gentílicos, como a suástica por exemplo, a maioria dos líderes nazistas não se interessava por qualquer coisa que se assemelhasse à autêntica religião germânica. Alguns não tinham religião, outros eram anticatólicos, outros ainda consideravam-se bons cristãos. Aqueles que, como Heinrich Himmler e Karl Wiligut, estavam interessados no oculto tiravam sua inspiração de uma eclética parafernália de fontes (Steigman-Call, 2003).

Seria mais correto dizer que a principal divindade na Alemanha nazista não era Wotan, mas o próprio Adolf Hitler. O trecho abaixo deixa clara a opinião de Hitler:

> Que absurdo! Aqui atingimos por fim uma era que deixou todo misticismo para trás e agora ele [Himmler] quer começar aquilo tudo de novo. Podíamos muito bem ter continuado na igreja. Pelo menos ela tinha tradição.... Não bastou que os romanos estivessem erguendo grandes construções quando nossos antepassados ainda estavam vivendo em casebres de barro; agora Himmler está começando a desenterrar essas aldeias de barro e se entusiasmando diante de cada lasca de pote e machado de pedra que encontra. Tudo que provamos com isso é que ainda estávamos atirando machadinhas de pedra e nos agachando em volta de fogueiras a céu aberto quando Grécia e Roma já tinham alcançado o mais alto estágio de cultura. Realmente devíamos fazer o possível para manter silêncio acerca deste passado.
>
> (relatado por Speer, 1970, pp. 94-5)

De fato, a decoração e arquitetura nazistas deixam claro que a inspiração maior de Hitler não era a antiga Alemanha, mas a Roma Imperial.

Os alemães "pagãos" que não apoiaram os nazistas foram para os campos de concentração com o resto dos desajustados. O destino de alguns deles ainda é desconhecido. Os nazistas podem ter louvado as óperas de Wagner, mas só precisamos tentar imaginar o iconoclasta Siegfried numa sociedade totalitária como a Alemanha nazista para perceber a antítese essencial entre tal sociedade e o espírito gentílico.

Saído das Sombras

Quando uma grande árvore é destruída, ela pode parecer extinta, mas se a árvore é forte, novos brotos podem ainda crescer de suas raízes. O primeiro renascimento pagão na Alemanha desenvolveu-se com pragas.

Entre o sentimento de repugnância contra todas as coisas pagãs que se seguiram à Segunda Guerra Mundial, poderia parecer que outros mil anos teriam de passar antes que a árvore conseguisse brotar de novo. Certamente se passará algum tempo antes que símbolos como os da suástica possam ser exibidos publicamente (o que é uma pena, pois a suástica é um símbolo do Sol usado para invocar sorte e prosperidade na arte folclórica nativa da Ásia à América do Norte), mas a religião em si transcende seus símbolos e a época do ressurgimento chegou.

Por estranho que pareça, o mundo de fala inglesa foi despertado novamente para o apelo do Norte pelo trabalho do muito cristão J.R.R. Tolkien. Tolkien era católico romano praticante, mas era também um professor de filologia cuja especialidade eram as línguas germânicas, e esse conhecimento germânico inspirou a lenda que ele criou para deleitar o mundo. Foi em *O Hobbit* e *O Senhor dos Anéis*, por exemplo, que muita gente encontrou as runas pela primeira vez. Tolkien escavou a mitologia nórdica em busca de nomes como Gandalf ("Elfo com Vara de Condão"), seres como anões, elfos, trolls e orcas, a cultura anglo-saxã dos Rohirrim e elementos de trama como o roubo do cálice de um dragão. Existe, naturalmente, uma grande parte da obra de Tolkien que é original ou retirada de outras fontes, mas trata-se da história da "Terra Média" e, através dessa história, a fascinação da "coisa do norte" fluiu para encantar o mundo.

Tolkien, é claro, não foi o único autor a buscar inspiração na mitologia germânica. C. S. Lewis ficou apaixonado por ela quando jovem e incluiu uma série de elementos nórdicos em suas *Crônicas de Nárnia*, embora eles se encontrem com frequência no campo dos vilões. Na década de 30, Robert E. Howard nos apresentou Conan da Ciméria e uma terra de guerreiros valentes, todos inspirados em seu conceito do herói germânico. Minha própria introdução ao mundo da mitologia nórdica veio da obra de Poul Anderson, um autor americano-dinamarquês de ficção científica cujo primeiro romance, *The Broken Sword* [*A Espada Quebrada*], li na biblioteca pública de Santa Mônica quando devia estar fazendo meu dever de casa. Anderson foi um autor prolífico, que lidava igualmente bem com ficção científica pesada e narrativa fantástica, e tinha o dom singular de incorporar o clima das sagas na ficção moderna. Suas fantasias nórdicas, como *Hrolf Kraki's Saga* [*A Saga de Hrolf Kraki*], *The Merman's Children* [*Os Filhos de Merman*], *The Last Viking* [*O Último Viking*], *The War of the Gods* [*A Guerra dos Deuses*] e *Mother of Kings* [*Mãe de Reis*], são todas dignas de uma boa leitura.

O Senhor dos Anéis transformou-se num *best-seller* mundial na década de 60, aquele período de fermentação social e artística durante o qual o mundo despertou para a possibilidade de mudança. Entre as mudanças que estavam acontecendo, havia a percepção de que precisávamos de algumas coisas que a marcha da história tinha deixado para trás, coisas que não apenas deviam, mas podiam ser recuperadas. Apareceram Feiras do Renascimento e grupos de reconstituição histórica, como a Sociedade pelo Anacronismo Criativo. Ao mesmo tempo, em muitos países surgiram grupos explorando as religiões pré-cristãs de suas terras.

Else Christensen fundou a Sociedade Odinista em 1969, na Flórida, e em 1971 Stephen McNallen deu início à Irmandade Viking que, em 1976, se transformou na Livre Assembleia Asatrú [Ásatrú Free Assembly — AFA]. Na Austrália, a religião odinista fundada por A. Rud Mills foi suprimida durante a Segunda Guerra Mundial e revivida em 1972. O Rito Odinista foi fundado em 1973 por John Yeowell, na Inglaterra. Ainda mais significativos foram os esforços do poeta e agricultor islandês Sveinbjörn Beinteinsson de ganhar aceitação para o Asatrú em seu país. Em 1973, o parlamento islandês votou pelo reconhecimento da religião e deu-lhe o mesmo apoio estatal concedido a outros credos. Esses primeiros grupos gentílicos concentraram-se no paganismo escandinavo, mas em 1976 Garman Lord fundou a tradição teodista, que tira sua inspiração dos anglo-saxões pagãos. Isto finalmente inspirou uma constelação de grupos concentrados em diferentes tradições tribais germânicas.

Durante a década de 80, como era de se esperar, os grupos existentes se desenvolveram e organizações adicionais foram fundadas ou tomaram seu lugar. Em 1986, a Livre Assembleia Asatrú se dissolveu e, em 1988, seus ativos foram doados para a Aliança Asatrú, fundada por Valgard

Murray e que continua sediada no Arizona. Em 1987, Edred Thorsson e James Chisholm fundaram a Troth (às vezes mencionada como Anel da Fé) no Texas. Ambas as organizações também começaram a publicar revistas, a *Idunna* da Troth e a *Vor Tru* da Aliança Asatrú. Esta década viu também o nascimento de numerosos grupos menos formais, como o Raven Kindred [Clã do Corvo], na Costa Leste, e o Freyja's Folk [Povo de Freyja], na Costa Oeste, para nomear dois que continuam firmes.

Na década de 90 houve um período de expansão e desenvolvimento, durante o qual as organizações gentílicas cresceram e desenvolveram suas próprias filosofias e práticas. Em 1994, McNallen refundou a AFA como Assembleia Folk Asatrú [Ásatrú Folk Assembly] e se tornou notícia nacional ao afirmar que o homem de Kennewick (um corpo com 9000 anos de idade encontrado no estado de Washington) era um ancestral pagão. A Troth se tornou uma organização internacional. Livros sobre o paganismo estão agora começando a ser editados por editoras comerciais, incluindo os livros de Thorsson sobre o saber das runas, começando com *Futhark* e *A Book of Troth* [*Um Livro da Troth*]. As runas foram também abordadas por Freya Aswynn em *Northern Mysteries and Magic* [*Mistérios e Magia do Norte*] e em *Teutonic Magic* [*Magia Teutônica*], de Kveldulf Gundarsson. Gundarsson tratou da prática religiosa em *Teutonic Religion* [*Religião Teutônica*]. Métodos de impressão mais baratos e acessíveis permitiram que indivíduos e grupos publicassem obras mais especializadas, incluindo a primeira edição de *Our Troth* [*Nossa Fé*] e trabalhos como os de Eric Wodening, *We Are Our Deeds* [*Nós Somos Nossos Atos*], ou o *Ordasafn*, de Gamlinginn. Thorsson e Chisholm fundaram a Rûna-Raven Press para publicar outros materiais pagãos esotéricos.

Hoje, organizações religiosas gentílicas podem ser encontradas em muitos países. As publicações continuam a se multiplicar e o crescimento da Internet tornou possível a criação de numerosas listas de distribuição e sites. Como vamos ver nos capítulos seguintes, no século XXI a árvore gentílica está fortemente enraizada e estendendo seus galhos para o céu.

SEGUNDA VOLTA

Deuses e Deusas

CAPÍTULO 6

Os Deuses

A primeira volta foi completada. Karen devolve o chifre a Janet enquanto Thorolf pega uma garrafa de hidromel. Este também foi feito em casa. Depois que a primeira garrafa foi aberta há cinco anos, o clã jurou pôr o resto da safra de lado para amadurecer e, com grande autocontrole, absteve-se até agora de prová-lo. É um momento tenso, já que há sempre a possibilidade de que a bebida tenha virado vinagre. Thorolf tira a rolha, derrama um pouco num copo e prova. Enquanto as pessoas observam, ele começa a sorrir.

— Ô, sim... — suspira. — Este é realmente digno dos deuses. — Ele se vira para Janet e derrama o hidromel no chifre. — Dedico este hidromel ao Aesir e ao Vanir. As dádivas que nos deram foram grandes e uma dádiva exige outra dádiva! — Desenha a runa Gebo sobre o chifre.

Janet inclina o chifre de modo a fazê-lo apontar para baixo e um pouco para o lado. Ela o ergue.

— Brindo a Thor, nosso protetor e amigo. Quero agradecer-lhe por ter mandado aquele tornado para os campos e não para nossa cidade. Mantenha seu martelo entre nós e os jötnar destruidores e nos ensine a honrar os que são úteis, especialmente a Terra, sua mãe. — Ela bebe cautelosamente e depois entrega o chifre a Karen, para dar início ao circuito pela sala.

O Asatrú é a fé dos deuses, e os deuses e deusas são o foco da religião como ela é hoje praticada. As principais divindades masculinas listadas por Snorri na *Nova Edda* (com a ortografia do nórdico antigo) são Odhinn, Thórr, Baldr, Njordh e seu filho Freyr, Tyr, Bragi, Heimdallr, Hodr, Vidar, Vali, Ullr e Forseti. Outra figura que desempenha importante papel na mitologia é Loki. Pode-se também agrupar as divindades germânicas por famílias. O Vanir, que vem para Asgard numa troca de reféns após uma guerra com o Aesir, consiste de Njordh e seus filhos Frey e Freyja. Só conhecemos Nerthus de um relato romano de século I, mas hoje ela também é contada entre as divindades do Vanir. O Aesir inclui todas as outras divindades masculinas, além de Frigga com suas auxiliares e provavelmente Idunna. Skadhi, Gerd, Hel e possivelmente Sif vêm da família jötun. Ninguém sabe realmente nada sobre Loki, embora tenha sido sugerido que seu pai era um gigante e a mãe uma das divindades do Aesir.

A abordagem integral de todos os deuses e deusas seria suficiente para compor um grosso volume. Neste capítulo e no seguinte, só conseguirei falar das divindades que parecem estar mais ativas no mundo pagão de hoje. Os nomes dos deuses são dados na ortografia mais comum em nossa língua. Para uma apresentação mais exaustiva, recomendo o primeiro volume de *Our Troth*. Você também encontrará mais informação e algumas ótimas invocações em *Exploring the Northern Tradition* [*Explorando a Tradição do Norte*], de Galina Krasskova. Para uma discussão de rituais pagãos, ver o Capítulo 8. Para mais poesia em honra dos deuses, tente *Idunna* 63 (primavera de 2005), que está disponível como número atrasado da Troth (ver a seção de recursos e a bibliografia para mais informação). Música para as canções de cada divindade pode ser encontrada em meu site www.hrafnar.org.

Heimdall

O caminho para Asgard passa pela Ponte Bifrost, o brilhante arco-íris que transpõe os céus. Termina num salão chamado Himinbjorg, onde o deus Heimdall observa com olhos que podem ver a cem léguas e ouve com ouvidos que podem ouvir a grama crescendo, não precisando dormir em sua incessante vigília como sentinela dos deuses. É chamado o deus branco e a maioria das pessoas o imaginam como alto e louro. Tem um cavalo chamado Gulltopp (Lombo Dourado).

De todos os deuses, Heimdall é o mais consistentemente benévolo com relação à humanidade. Talvez porque nos dias em que ainda não era o vigia dos deuses tenha visitado Midgard, onde gerou crianças. Assim, a "família de Heimdall" inclui não apenas os deuses, mas também seres humanos. Na *Edda Poética*, somos informados que, sob o nome de Rig, ele passou uma noite com "bisavô" e "bisavó", outra com "avô" e "avó", outra com "pai" e "mãe" e, nove meses depois, cada esposa deu à luz um filho. O filho do casal mais velho tornou-se o ancestral de todos os servos, o outro foi o pai dos lavradores livres e, através da "mãe", ele gerou a classe dos nobres. O filho mais novo do "Conde" tornou-se um mestre das runas e rei, levando alguns a suspeitar que Rig poderia ser antes Odin que Heimdall.

Segundo Snorri, o próprio Heimdall é filho de Odin com as nove ondas do mar. Um de seus cognomes, Vindhlér, significa "Mar de Vento" ou "Proteção do Vento". No folclore, as ondas são chamadas de ovelhas e a última onda numa sequência é o carneiro. A palavra do nórdico antigo para *carneiro* é *heimdali*, de modo que o carneiro é considerado um de seus animais. Outro de seus cognomes, Hallinskidhi, é uma palavra poética para carneiro. Outra criatura com quem ele está associado é a foca, cuja forma assumiu para lutar com Loki, que tinha roubado o colar de Freyja. Ele guarda as forças da vida e, no final dos tempos, convocará os deuses à batalha soprando a corneta Gjallar.

Sendo ele um deus que guarda a fronteira de Asgard e ancestral da humanidade, podemos procurar a ajuda de Heimdall para velar por nós mesmos e por nossos lares. Como ancestral de diferentes grupos humanos, tem interesse em ajudar as pessoas a fazer progressos. Por esta razão, a runa que uso para representá-lo é Mannaz, ᛗ. Embora vá desempenhar seu papel no Ragnarök (ele e Loki vão matar um ao outro) e possua uma espada, tem geralmente um caráter pacífico.

Se você vive no litoral, um modo de se aproximar de Heimdall é sentar-se à beira-mar e ver as ondas rolando. Visualize o deus surgindo da espuma da arrebentação, resplandecendo quando o Sol brilha sobre o mar. Você também pode procurá-lo nos topos ou pontes de montanhas. Leia a "Balada de Rig" na *Antiga Edda*, medite sobre as tarefas desempenhadas por cada um dos filhos de Rig e identifique seus equivalentes em sua própria vida. Louve-o sempre que vir um arco-íris. O Simpósio Viking a que compareci em 2000 desenrolou-se em St. John's, Terra Nova, o porto mais oriental da América do Norte e portão do Novo Mundo. Quando saí andando pelos morrotes sobre a cidade, vi um arco-íris se arquear no céu e senti Heimdall muito próximo.

Um *blot*, ou bênção, é geralmente praticado para uma divindade específica. Para reverenciar Heimdall, cubra o altar de branco e dourado. Você pode adicionar gravuras de ondas, ovelhas, focas e assim por diante. Encha o chifre de bebida com hidromel ou cerveja Ramshead. Para o banquete, você pode preparar frutos do mar ou cordeiro. Nenhum dia da semana está diretamente associado a Heimdall, mas como guardião do portão, ele pode ser reverenciado no início da semana, às segundas-feiras.

O que se segue é uma invocação a Heimdall:

Sagrado Heimdall, ouve teus filhos,
Guardião, abre bem o caminho,
Bifrost resplandece agora na nossa frente,
Pela Estrada de Rig cavalgamos hoje.
Amigo e pai, teu favor nos concede
Como todas as coisas que vês e que ouves.
Escolhe para teus filhos uma visão limpa,
Fala e compreensão claras.

Você também pode entoar o seguinte cântico:

Heimdall, Heimdall, a mais sábia sentinela,
A Ponte Bifrost brilha forte nesta hora.
Do caminho de acolhida abre todas as cancelas,
A quem passa do Aesir para a festa de agora.

Tyr

Tyr é o deus que dá nome à terça-feira. Os romanos o identificam com Marte, seu deus da guerra, mas Tyr é muito mais que isso. O nome deriva da mesma raiz indo-europeia que nos deu o grego *Zeus*, portanto ele deve ter sido originalmente um deus do céu. É um dos dois deuses para quem é designada uma runa: Tiwaz (Tir anglo-saxão), ↑. Este elemento pode estar presente no poema rúnico anglo-saxão: "Tir é uma estrela-guia, que cumpre perfeitamente o que promete aos príncipes; está em marcha sobre as névoas da noite, jamais falhando". Seus mais antigos lugares sagrados ficavam nos topos das montanhas, perto do céu.

Mas uma antiga dedicatória germano-romana a "Mars Thingsus" (Marte da Assembleia) sugere que ele também era visto como um deus da soberania e da ordem justa, e este aspecto sobreviveu no saber tradicional. Na Era Viking, Tyr era invocado para a vitória na batalha, mas provavelmente o que lhe dizia respeito não era a guerra, mas o *holmganga* — o julgamento pelo combate, que funcionava como última corte de apelação.

Na Era Viking, embora Tyr fosse conhecido por ser ao mesmo tempo sábio e bravo, só sobreviviam duas histórias a seu respeito. Na "Balada de Hymir", ele e Thor vão até Jötunheim à procura de um caldeirão suficientemente grande para preparar cerveja para todos os deuses. Seu papel aqui é menor e o poema é importante principalmente porque indica que Tyr vem de uma família de gigantes.

A segunda e única narrativa em que Tyr desempenha um papel principal é a história da amarração do lobo Fenrir, contada na *Edda em Prosa*. O lobo era um dos filhos de Loki com a giganta Angrboda. Durante algum tempo os deuses o mantiveram em Asgard e Tyr era o único que tinha coragem de alimentá-lo. Mas o lobo continuava crescendo e comendo, até que se tornou claro que, se não fosse contido, destruiria todos eles. Os deuses tentaram amarrar Fenrir, mas ele quebrava cada corda que conseguiam criar. Os deuses então pediram que os anões fabricassem a corda chamada gleipnir, que era feita de seis coisas impossíveis: o som de um passo de gato, a barba de uma mulher, as raízes da montanha, os tendões de um urso, a respiração de um peixe e cuspe de pássaro. Quando a corda ficou pronta, pediram que o lobo a experimentasse, garantindo que ele a romperia com facilidade, mas desta vez Fenrir suspeitou de uma cilada e disse que só concordaria em ser amarrado se, como segurança, um dos deuses pusesse a mão em sua boca.

O único que teve coragem de fazer isso foi Tyr e, quando ficou comprovado que a corda não se rompia, Fenrir mordeu e decepou-lhe a mão. Aqui vemos o paradoxo do deus cuja essência é a integridade participando de uma fraude. Como resultado, o deus que ajuda o guerreiro não tem a mão direita. O deus que criou o lobo é o mesmo que o amarra. A violência controla a violência. Seguindo este exemplo de sacrifício, encontramos coragem para amarrar os lobos dentro de nossas próprias almas.

Não temos descrições da aparência de Tyr. Costumo imaginá-lo como uma criatura meio magra, com cabelo preto grisalho, olhos castanhos, expressão um tanto severa ou pensativa, usando uma camisa de malha e um manto de lã vermelho-escuro. Hoje, embora alguns vejam Tyr como um guerreiro disciplinado, outros o veneram como exemplo de integridade e autossacrifício para o bem comum — ele foi, afinal, o único dos deuses disposto a pagar o preço para enganar o lobo. É, portanto, visto como um deus da justiça e aqueles que lhe pedem ajuda nessa área procuram se certificar de que estão com a razão, pois o que vão receber é a verdadeira justiça. Pedimos a sua ajuda para entender e fazer as opções difíceis e cumprir os nossos juramentos. Ele é frequentemente procurado pelos que têm problemas legais ou penais e pelos militares.

Para conhecer Tyr, devemos estar dispostos a nos encarar de frente, a reconhecer nossas faltas, a fazer o que pudermos para corrigi-las e a lidar de forma digna com os outros. A melhor dádiva que podemos oferecer a ele é cumprir nossas obrigações para com a terra, a comunidade e os deuses. Mas se você quiser reverenciá-lo num ritual, por exemplo para pedir sua ajuda num caso legal ou sua proteção para entes queridos servindo em tempo de guerra, pode cobrir o altar com uma toalha vermelha-escura e encher o chifre com um vinho tinto forte, como o Sangue de Boi. A comida para a ceia pode incluir rosbife e pão preto artesanal.

Os símbolos de Tyr incluem a mão ou luva cortada, a estrela e o Irminsul, uma coluna que o cronista Widukind do século X nos conta que foi erguida pelos saxões em honra de Marte para celebrar uma vitória e derrubada por Carlos Magno. O Irminsul é um eixo do mundo, ligando o céu e a terra.

O que se segue é uma invocação:

Tyr, ouve nosso apelo! Defensor invicto
E senhor da Allthing, dá-nos ajuda agora!
Quando Fenrir alimentavas, da Besta foste o amarrador,
Tua mão — ganhando fama — abençoa nossa batalha!
Sê nossa estrela, brilhante farol nas trevas,
Seguros como o Irminsul, possamos agora permanecer.
Senhor da justiça, recebe esta oferenda!

Ou cante:

Tyr, concede proteção da lança,
Louvamos a ti agora;
Medo preso a vitória alcança,
Amarra os lobos por dentro e fora!

Odin

Na *Nova Edda*, quando Gylfi pergunta "quem é o mais elevado e o mais antigo de todos os deuses", o Todo-Poderoso fornece doze nomes, começando com o Pai Supremo. Mais tarde, ele identifica esta poderosa figura com Odin. Como o narrador do "Havamal" (as palavras do Todo-Poderoso) é também identificado com Odin, o ser que está dizendo tudo isto a Gylfi é obviamente o próprio Odin. Não é de espantar que o deus mais associado a palavras e à linguagem devesse ter mais nomes que qualquer outro. Neil Price (2002) lista 188 cognomes na antiga literatura nórdica. E depois, é claro, existem as versões anglo-saxã e alemã continental de seu nome: Woden, Wotan e Wodanaz.

As categorias em que estes nomes podem ser agrupados nos dizem muita coisa sobre o deus. Já que os poetas ganhavam a vida louvando os reis, é muito natural esperar que muitos nomes do deus que era (entre outras coisas) patrono tanto de reis quanto de skalds tenham relação com guerra e agressão, exaltação e raiva. Há muitos outros, no entanto, que se relacionam com sabedoria, divindade e magia. Outros nomes se referem ao poder de Odin sobre os mortos. Há nomes que descrevem Odin como trapaceiro ou mestre da dissimulação e outros que o chamam de doador de prazer e prosperidade. Alguns se referem a ele como um andarilho ou um deus do tempo. Vocábulos descritivos nos dizem que tem uma barba comprida, venerável, e um bigode de pontas caídas, é magro, tem uma testa reta, usa um manto peludo e um chapéu mole. Embora ocasionalmente apareça como um rapaz, a maioria dos pagãos o veem como um homem de barba grisalha, ainda que vigoroso, com uma venda tapando o olho perdido.

A runa mais associada a Odin é Ansuz ou As, ᚨ, significando um deus. A versão anglo-saxã é Oss, "uma boca". Contudo, a raiz do nome primário do deus, *Odh*, significa "exaltação" — não no sentido de loucura, mas como o tipo de êxtase em que a pessoa aprende, compreende e cria. No mito da criação humana, Odin e seus irmãos encontraram uma tora de freixo, outra de olmo e as transformaram no primeiro homem e na primeira mulher. O dom de Odin foi a respiração, o catalisador que ativa o corpo e o espírito e nos faz viver. Muitos acham que o deus se aproxima no vento que sussurra nas árvores, o vento que é a respiração do mundo.

Embora Odin seja chamado de Pai Supremo e desempenhe um papel central na vida de Asgard, antes que "rei" dos deuses, ele atua mais como o presidente da junta. Quando decisões têm de ser tomadas, os deuses se reúnem em conselho. No resto do tempo, Odin vaga pelos mundos. Seu objetivo ao fazer isto é aprender e ele traz de volta, e compartilha, o que aprende. Entre suas dádivas estão o elixir da inspiração, que obteve da giganta Gunnlud; as runas, que ganhou através do sacrifício de confrontar o próprio ser, ficando nove dias e noites pendurado na Árvore do Mundo; e a sabedoria, pela qual negociou um dos olhos para beber na fonte de Mimir.

Quando os outros deuses se retiraram da consciência humana, Odin continuou a peregrinar entre nós; pelo menos é a divindade nórdica que vemos aparecer com mais frequência na literatura moderna. Suas lutas para reconciliar as reivindicações de amor, liberdade e poder estão no centro das óperas do *Anel* de Richard Wagner. Mais recentemente, ele apareceu como "The Raven" (O Corvo) na trilogia *Winter of the World* (Inverno do Mundo) de Scott Rohan, como "Mr. Wednesday" (Senhor Quarta-Feira) nos *American Gods* (Deuses Americanos), de Neil Gaiman, e temos fortes suspeitas de ser ele o "Raven King" (Rei Corvo) no *Jonathan Strange and Mr. Norrell* (*Jonathan Estranho e Mr. Norrell*), de Susannah Clarke.

Nos dias de hoje, Odin é procurado (ou invocado) por aqueles que trabalham com palavras e pessoas envolvidas com artes criativas em geral, por aqueles que estudam magia, especialmente as runas, e por estudantes, estudiosos, cientistas e outros que buscam o conhecimento. Ele pode ser considerado um deus da evolução da consciência. Advirto, contudo, sobre a impropriedade de chamá-lo, se tudo que você quer é vitória e glória. Odin está muito preocupado com o futuro do mundo. Pegará os que se dedicam a ele e, assim como sacrificou a si mesmo, os usará para o bem maior. Os que deparam com ele consideram-no uma personalidade muito vigorosa, que às vezes, de forma um tanto inesperada, se introduz nas vidas das pessoas. Bater de frente com Odin pode ser doloroso e, talvez por esta razão, as mulheres ou aqueles que são espiritualmente receptivos podem ter uma relação mais produtiva com ele do que os machões. *Othroerir*, de Laure Lynch (2005), conta a história das experiências de uma mulher com Odin.

Estamos conectados a Odin por cada respiração que damos e cada palavra que pronunciamos, mas se quiser mostrar-lhe uma especial reverência, o momento ideal para isso é a quarta-feira [wednesday — "Wodan's Day"]. As cores geralmente associadas a ele são o azul-escuro do céu enluarado à meia-noite, o preto e o prata ou cinza, assim como os números 3 e 9. Seus animais são os corvos Hugin e Munin, que lhe trazem novidades de todos os mundos, e seus lobos Geri e Freki. Ele cavalga o cavalo Sleipnir, de oito patas. O palácio de Odin é o Valhala, na parte de Asgard chamada Gladsheim, mas ele visita a esposa, Frigga, em Fensalir. As oferendas preferidas incluem hidromel, licor de cariz, salmão defumado e bife malpassado. O *valknut* na capa deste livro é seu símbolo.

Para reverenciar Odin, é melhor escrever sua própria poesia, mas o que vem abaixo é algo com que começar:

> Todo-Poderoso, como Supremo e Terceiro
> São os nomes que ouvimos como teus,
> Conselheiro nosso cheio de sabedoria.
> Como Odin, Oski, Omi vives,
> Chamamos a Wodan, Vili, Vé,
> Ao Pai Supremo, Pai de Sig, ao Avô pedimos.
>
> Odin, Oski, que ordenas a Festa,
> Wotan, senhor da coisa desejada, bem amado,
> Para tua delícia deixa-nos beber com vontade...
> Pai Supremo, sê bem-vindo ao nosso banquete!

E uma canção:

> Bravio, cavalga no vento,
> Sábio, no coração fica,
> Viajante, do meu lado,
> Wotan chega perto.

Thor

Um exame das sagas deixará você com a impressão de que metade dos habitantes da Islândia tinham nomes começando com "Thor" ou "Tor". Nomes de lugares da Alemanha à Islândia dão testemunho da popularidade do deus. Os romanos o identificavam com seu deus do trovão, Júpiter, e seu dia, quinta-feira, era um dia de feira e descanso. Enquanto Odin era considerado o patrono dos reis e dos skalds que os louvavam, era Thor Trovejante quem comandava o tempo de que dependiam agricultores e pescadores. Era também o grande protetor contra perigos físicos e espirituais.

Ao contrário de Odin, Thor só é perigoso para seus inimigos. Na "Balada de Hárbard", 23, Thor nos conta que tem matado gigantes no leste. Mas isso não é mera destruição por simples prazer. "Muita força teriam os etins se todos vivessem. Pouca força teriam os homens nos arredores de Midgard." Em outras palavras, como Campeão de Asgard, a tarefa de Thor é manter o equilíbrio entre os seres humanos e os poderes mais antigos. Nem todos os etins são maus — o pai de Thor era Odin, mas sua mãe era a giganta Jord (Terra) e ele tem dois filhos, Modhi e Magni, com outra giganta, Iarnsaxa.

Nas *Eddas*, Thor é apresentado como um guerreiro muito forte, com uma barba ruiva e cujo riso retumba como o trovão que ele governa. A runa mais frequentemente usada para representá-lo é Thurisaz, ᚦ, cujo som dá início ao seu nome. Ele conduz uma carruagem puxada por dois bodes, Tanngniostr e Tanngrisnir, e está armado com o famoso martelo, Mjöllnir, que seu cinturão de força e luvas de ferro o capacitam a manejar. Suas terras ficam em Thruthvangar e seu palácio é chamado Bilskirnir, onde há 540 locais para dormir. A senhora desse palácio é sua esposa, Sif, com quem ele tem uma filha chamada Thruth (ou Trude), que significa "força".

Algumas das melhores histórias da mitologia nórdica são sobre Thor. Na "Balada de Hymir", ele desafia os gigantes em festivais de força. Na "Balada de Thrym", tem de ir a Jötunheim disfarçado de noiva para recuperar seu martelo. Contudo, na "Balada de Alvis", usa a inteligência para vencer um jogo de adivinhações com um anão que está tentando reivindicar sua filha. Quando Thor luta, é como campeão solitário, mas em suas viagens tem frequentemente Loki como companheiro — são a "dupla bizarra" original. Quando Loki insulta os deuses numa festa de bebedeira ("O Desafio de Loki"), Thor é o único que pode expulsá-lo do salão.

Hoje Thor é um dos deuses mais populares. Seu martelo continua sendo o símbolo da fé gentílica. Recorremos a ele em busca de proteção, coragem e da energia para enfrentar nossos próprios desafios, físicos ou espirituais.

E quando os jötnar estão fora de controle e um incêndio ou uma supertempestade se aproximam, recorremos a ele para proteger nossos lares.

Numa ceia, Thor é reverenciado com uma cerveja bem forte, como as stouts ou do tipo bock (como a Iron Hammer do Canadá) e muita comida. O mais apropriado é um lombo de bode, mas tenha o cuidado de não quebrar os ossos, pois Thor tem o poder de restaurar a vida de seus corcéis se alguma emergência o forçar a comê-los ("Gylfaginning", 44). Um osso quebrado fará o bode mancar. Se o bode não estiver disponível, um bom rosbife servirá. A maioria considera que um tom vermelho vivo é seu ponto certo.

O que vem abaixo é a invocação que uso para Thor. Evidentemente, moro na Califórnia, onde frequentemente há falta de chuva. Em outro lugar, você poderia pedir-lhe para trazer sol.

> Barba ruiva, barba de fogo, portador do relâmpago,
> Senhor da tempestade doador da vida, amante da boa mesa,
> Pai da liberdade, lutador de incrível valentia,
> Donnar, protetor, ardentemente precisamos de ti,
> Ouve-nos agora, herói, apressa-te para nos ajudar,
> Galopem teus grandes bodes para dádivas nos trazerem.
> Torna teu povo próspero: derrama na terra fartura,
> Chuva em abundância, certa para a estação.

E uma canção:

> Thor rebenta o etin e faz o troll acabar!
> Quando sacode o martelo, vem o trovão a rolar...
> Com um estrépito, com fragor,
> Nossos inimigos ele dispersou
> De Midgard!

Frey

Só superado por Thor em popularidade durante a Era Viking estava Frey, cujo nome significa "Senhor". Era o deus a quem as pessoas rezavam em busca de paz e, já que ele dispensava a chuva e o sol, de boas estações. Frey faz parte do Vanir, deuses de um clã diferente (talvez originariamente os deuses de um diferente grupo germânico) que travaram "a primeira guerra do mundo" com o Aesir. O conflito terminou num empate e foi resolvido por uma troca de reféns. Uma das divindades vânicas que foram viver em Asgard foi Frey.

Os deuses do Vanir são frequentemente menosprezados como "divindades da fertilidade" e os amuletos mostrando Frey com um falo ereto certamente indicam que ele é um deus da potência masculina. Mas ele é também chamado de Yngvi ou Ing, um ancestral dos primeiros reis suecos. Embora os chefes de piratas da Era Viking fizessem sacrifícios a Odin pela vitória nas batalhas, Frey é o deus da autoridade suprema do rei.

Evidentemente, nos velhos tempos, a autoridade estava indissoluvelmente ligada à fertilidade. O vigor do rei assegurava a vitalidade da terra. Na história dos reis nórdicos de Snorri Sturlusson e na história dos dinamarqueses de Saxo Grammaticus, ouvimos falar de governantes que foram sacrificados para renovar a terra e de reis bem-sucedidos que recebiam oferendas após a morte para que pudessem continuar a abençoá-la.

A forma de semente da runa Ingwaz, ◇, nos diz que Frey é o deus do grão em todas as suas fases: vigorosamente ereto na primavera, abatido na colheita e enterrado no solo para que possa germinar mais uma vez. Todos os animais machos viris, selvagens ou domesticados, podem ser considerados seus, mas ele é particularmente associado ao javali (um javali dourado, Gullinbursti, é seu corcel), ao garanhão (o que ele cavalga chama-se Blodughofi — "Cascos Cor de Sangue") e, como a arma que vai usar no Ragnarök é um par de chifres, ao alce.

Hoje, Frey é invocado em busca de potência e prosperidade. Homens héteros veem-no como um modelo e as mulheres como um amante. No tempo dos vikings, alguns consideravam seu culto afeminado porque, em Uppsala, os sacerdotes que estavam a seu serviço dançavam em sua homenagem com uma "barulheira nada viril" de sinos, razão pela qual muitos homens gays também encontram nele um patrono. Deve ser observado que, no período viking, a "não virilidade" consistia em assumir o papel submisso em sexo, não em ser atraído por homens. Para uma discussão desta questão, ver meu artigo "Sexo, Status e Seidhr: Homossexualidade na Religião Germânica" (www.seidh.org/articles/sex-status-seidh.html).

Apesar de sua virilidade, Frey é conhecido por ter tido um único romance. Na "Balada de Skirnir", somos informados de como, ao ver de longe a donzela jötun Gerd, fica profundamente apaixonado e manda seu criado, Skirnir, arranjar o casamento. Persuadir a moça exigiu tanto ameaças quanto magia, mas finalmente ela concorda em se encontrar com Frey nove noites mais tarde, no pequeno bosque de Barri. Foi sugerido que seu nome se refere ao pátio [garth] murado dentro do qual as colheitas podem se desenvolver com segurança e que a união dos dois se refere de alguma forma à domesticação do que é selvagem. Pelo que sabemos, Frey permanece fiel depois que eles se casam.

Hoje Frey é uma das divindades mais populares. Vejo-o como um rapaz bonito, o cabelo dourado como trigo. Sentimos sua presença no campo, na floresta e onde quer que esteja sendo feito trabalho produtivo. Pedimos a ele prosperidade e fertilidade de mente ou corpo. Ele gosta de todo tipo de celebração. Quando meu clã reverencia Frey, o centro do banquete é, em geral, o maior porco assado que podemos encontrar, acompanhado de cevada e do que mais as pessoas quiserem acrescentar para torná-lo atraente e saboroso. Um seguidor de Frey preparou o melhor churrasco que já comi.

As cores associadas a Frey são o verde, o marrom-escuro ou o preto. Um altar para Frey é frequentemente decorado com chifres, folhagens e espigas. Alguns sacerdotes de Frey usam um cinto com sinos costurados nele. Invoco o deus com o seguinte poema:

> Salve, senhor Frey! Todos os vivas ao grande deus
> Que ajuda a humanidade, salve!
> Pai do campo fértil, o mais justo dos lutadores,
> Concede agora tuas bênçãos.
> És o descendente de Njord e Nerthus,
> No Alfheim todos te adoram.
> Tua glória derreteu o coração da donzela —
> Nós te saudamos, marido de Gerd!
> Frodhi, o Fértil, enche agora nossos prados

com multidões de vacas e bezerros;
Primeiro dos Scyldings*, deixa-nos sem demora colher
com alegria teu cereal dourado;
Como Ingvi a cada volta tua nós te saudaremos,
E também em teu carro te cultuaremos.
És trazido para nos abençoar por Gullinbursti, o javali lustroso,
Esplendor da vida com brilho de Sol —
Forte como um garanhão, teu falo nos completa,
Senhor e amante, deixa-nos viver de novo!

E uma canção:

Gado no pasto e cereal na roça,
De todas as nossas obras um fruto para fora,
Paz e satisfação, prazer e força,
Junta-te à ceia, Frey, pois esta é tua hora!

Njord

O pai de Frey foi também um dos reféns vânicos. Como o filho, Njord é um deus da prosperidade, mas a área do seu empenho é o mar. Seu palácio é Noatun, que significa "estaleiro". Na *Nova Edda* ("Gylfaginning", 23), somos informados de que ele comanda vento, mar e fogo e decide o sucesso das viagens marítimas e da pesca. Ainda mais que o filho, é um deus da riqueza, que pode "conceder riqueza da terra ou posses aos que rezam a ele pedindo isto".

Diz-se que, entre os deuses do Vanir, irmão e irmã podiam se casar e por esta razão alguns acreditam que a deusa Nerthus foi a esposa original de Njord e mãe de Frey e Freyja. A ideia está baseada na similaridade dos nomes e (como veremos no capítulo seguinte) da função. Contudo, como todo o nosso conhecimento de Nerthus vem de um escritor romano do século I e nossa informação sobre Njord da Era Viking, tudo continua sendo apenas teoria. Na mitologia nórdica, somos informados

* Lendária linhagem real dinamarquesa iniciada por Sceaf, personagem do poema épico *Beowulf*. (N. do T.)

que, após ter se mudado para Asgard, Njord acabou se casando com a donzela jötun Skadhi, a quem foi pedido que escolhesse um marido entre os deuses olhando para os pés deles. Os de Njord eram os mais bonitos (e provavelmente, como ele estava com frequência na água, os mais limpos) e assim ele se tornou seu marido. O casamento, contudo, não prosperou. Quando ficavam na casa dela, ele não conseguia dormir por causa do uivar dos lobos e, quando ficavam na casa dele, as gaivotas a acordavam cedo demais. Então os dois concordaram em morar separados, embora tenham, ao que parece, continuado bons amigos.

Imagino Njord como um homem forte de meia-idade, com o cabelo preto começando a ficar grisalho. Está descalço, usando um bermudão de marinheiro, uma camisa sem gola e sem mangas e provavelmente algumas joias de ouro. Em minha opinião, o lugar ideal para reverenciar Njord seria numa reunião na praia, complementada com churrasco, vôlei e muita cerveja espumante. Ofertamos a ele cervejas com nomes náuticos ou champanhe. Salmão e outros peixes entram no churrasco. Seus símbolos incluem o barco e o contorno de um pé descalço. Suas cores são verde-marinho e dourado.

O que vem abaixo é uma invocação a Njord:

> Pai de pés claros de Frey e Freyja,
> Cavaleiro das ondas que nos trazes riquezas do mar,
> Escudo de navios, envia-nos boa sorte,
> Escuta-nos e ajuda-nos a chegar a portos abastados,
> Dá-nos uma bênção, ó irmão de Nerthus,
> Filho do Vanir, com nossas preces fiques satisfeito
> No Noatun, ó Njord, vê agora do que precisamos.

E um cântico:

> Sobre o mar um barco brilhante vai,
> O Deus Doador ganhou a costa dourada.
> Trazendo abundância a toda necessidade contada
> Dá rumo seguro aos navios que voltam, Njord, poderoso pai!

Loki

Fique longe de Loki se você tem problemas com ambiguidade. Mas seja qual for seu modo de se relacionar com a realidade, deve ter cuidado ao lidar com ele. Nem mesmo está claro se Loki deveria ser considerado um deus, mas sem dúvida ele desempenha um papel importante nas narrativas. Alguns acreditam que é descendente de uma deusa e de um gigante — com frequência, sem dúvida, parece desempenhar o papel de intermediário entre os dois. Como o Coiote na mitologia americana nativa, Loki é um criador de caso e um portador da cultura, resultando a segunda conduta frequentemente da primeira.

Embora na realidade o nome *Loki* não esteja relacionado a "löge", a similaridade levou Richard Wagner a identificar Loki com o elemento fogo nas óperas do *Anel* e a associação se difundiu. As pessoas costumam retratá-lo como ágil e ativo, o cabelo avermelhado como um pelo de raposa. Como o fogo, pode ser um bom auxiliar ou um inimigo perigoso.

Nas histórias, Loki frequentemente causa problemas, mas ao reparar os erros, traz benefícios. Por exemplo, depois de cortar o cabelo da deusa Sif, põe os anões competindo em fazer presentes maravilhosos para os deuses, que incluem não apenas um novo cabelo mas também o navio mágico de Frey, a lança de Odin e o martelo de Thor. Para impedir o gigante de levar Freyja, além do Sol e da Lua como honorários pela construção das muralhas de Asgard, Loki se transforma numa égua no cio para distrair o garanhão do gigante. Nove meses mais tarde, a égua dá à luz o cavalo de oito patas Sleipnir, que se torna a montaria de Odin.

Mas o cavalo não é a única descendência de Loki. Com a giganta Angrboda, ele gerou a serpente de Midgard, Hella, e o lobo Fenrir (que mais tarde decepa com uma mordida a mão de Tyr). Durante muito tempo Loki foi um participante aceito, se não popular, da comunidade de Asgard, mas após seu envolvimento no assassinato do filho de Odin, Baldur, os deuses se voltaram contra ele, que finalmente foi capturado e amarrado na gruta Hel sob uma serpente que goteja veneno. Sua esposa, Sigyn, segura uma vasilha para recolhê-lo, mas quando tem de esvaziar a vasilha o veneno atinge o rosto de Loki, que se debate e causa terremotos.

Nota: Este quadro baseia-se em informação existente nas fontes antigas, juntamente com alguma inspiração pessoal, e não deve ser considerado definitivo.

Divindade	Dia	Runa	Cor(es)	Alimento	Totens	Ferramentas	Local
HEIMDALL	segunda-feira?	ᛗ	branca	cerveja Ramshead [cabeça de carneiro], hidromel	carneiro, foca	chifre, espada	Himinbjorg
TYR	terça-feira	ᛏ	vermelho-escuro, azul-celeste	vinho tinto, carne de boi	cachorro	espada	Irminsul
ODIN	quarta-feira	ᚨ	azul, preto, cinza	hidromel, vinho, licor de cariz, carne de boi, salmão	corvo, águia, lobo, cavalo	lança	Gladsheim, Valhala, Hlithskjalf
THOR	quinta-feira	ᚦ	vermelho, azul	cerveja Guinness, cervejas do tipo bock, bode	bode, águia	martelo, anel de juramento	Thrutheim
FREY	sexta-feira	ᛜ	verde, marrom	trigo, cerveja, carne de porco, carne de cervo	javali, cavalo	chifres de alce	Alfheim
NJORD	sábado?	ᛚ	verde-marinho	champanhe, frutos do mar	peixe	barco	Noatun

BALDUR	domingo?	ᛞ	dourado	cervejas ale	margarida, visco	Draupnir	Breithablik, Hel
IDUNNA	segunda-feira?	ᚹ	vermelho, dourado, verde-claro	maçãs assadas	macieiras	cesto	pomar
SKADHI	terça-feira?	ᛁ	branco, marrom-escuro	vodca, caça selvagem	lobos	lança	Thrymheim
FRIGGA	sexta ou quarta-feira	ᛒ	branco, azul-claro	vinho de ameixa, cerveja de vidoeiro, cordeiro	ovelha, águia-pescadora, bétula	roca	Fensalir
SIF	quinta-feira	ᛃ	dourado	trigo, cerveja, pão	trigo	pente	Thrutheim, trigal
FREYJA	sexta-feira	ᚠ	verde, vermelho-escuro	fruta, cerveja, carne de porco	gatos, porca, cavalo, falcão	colar	Sessrumnir, Folkvangar
NERTHUS	sábado?	ᛈ	marrom	cervejas stouts, legumes	vaca	navio	Midgard
HEL	domingo?	ᚺ	preto/branco	cerveja preta	cavalo		Hel

Se quiser iniciar uma discussão "animada" entre pagãos, pergunte se Loki deve ser venerado num ritual. Alguns, em particular os que seguem as tradições teodistas, detestam-no a ponto de não permitirem que seu nome seja mencionado no salão. Outros salientam que Loki traz coisas boas assim como problemas e farão um blot em sua homenagem de batida de aguardente e canela ou de vodca com pimenta. Um gole será atirado no fogo cada vez que a pessoa fizer um brinde a ele. Devemos ter em mente, no entanto, que Loki é um trapaceiro e, a não ser que você tenha experiência de lidar com forças caóticas, talvez seja melhor não atrair sua atenção.

Segundo nos informam em "O Desafio de Loki", certa vez Odin jurou que, sempre que tomasse um drinque, Loki também deveria beber alguma coisa, por isso em nosso clã temos o compromisso de derramar um pouco para Loki sempre que o chifre é passado em honra de Odin. Embora possa ser visto como uma figura de diabo, Loki também é às vezes citado como um trapaceiro e iconoclasta que preenche a função necessária de mexer com preconceitos e sacudir falsas certezas.

Se decidir reverenciar Loki, ponha algum humor na coisa:

> Houve um dia Loki, uma criatura
> Que embora tivesse atitudes de pura impostura,
> Sabia num rolo como entrar
> E alguma solução haveria de cavar,
> Pra ficar tudo-bem-tudo-bem.

Ou você pode cantar o verso seguinte, tirado da versão pagã de "Gimme That Ol'Time Religion":

> Vamos todos fazer culto a Loki.
> Ele é o deus nórdico do caos.
> É por isso que estes versos não têm ritmo nem rima
> Nem métrica nem nada.

CAPÍTULO 7

As Deusas

Karen leva o chifre para Dave, que é chamado de Mão-de-Ferro porque é o ferreiro que moldou tudo, do suporte de ferro trabalhado para o chifre às espadas feitas de modo artesanal usadas por alguns na sala. Ouvem-se alguns sussurros quando ele sorri para a moça de cabelo preto que está do seu lado. É a primeira vez que Dave traz uma convidada para o salão.

— Esta noite quero reverenciar Frigga. Há um ano fiz uma oferenda a ela, pedindo que me encontrasse uma mulher para compartilhar minha vida. Esta é Sofia. Eu a conheci na Parada do Orgulho Pagão, em maio passado, e ela concordou em se casar comigo! — Agora ele está sorrindo de uma orelha à outra.

— Salve Sofia!, Salve Mão-de-Ferro!, Salve Frigga! — O salão irrompe em aplausos.

Freydis não entende por que ele não escolheu uma moça gentílica, mas embora em anos recentes muitas mulheres tenham se voltado para os deuses germânicos, ainda existem mais homens pagãos que mulheres pagãs disponíveis.

— Frey teve de ir a Jötunheim para encontrar uma noiva — responde o marido — e um bom número de nossos rapazes tiveram de recorrer às seguidoras da Wicca. Sofia parece estar se saindo muito bem até agora, mas aposto que uma amiga lhe seria útil. Por que não a coloca sob sua proteção?

Quando, na *Nova Edda*, o Todo-Poderoso diz a Gylfi quem são os deuses, o Igualmente-Poderoso acrescenta: "Não menos sagradas são as asynjur [as deusas], nem seu poder é menor". Das asynjur, a mais elevada é Frigga, seguida por suas auxiliares. Igualmente importante é Freyja. Outras deusas com papéis importantes na mitologia incluem Idunna, Sif, Skadhi, Gerd e Hel. Hoje, muitos também reverenciam as deusas continentais Nerthus e Holda. Como aconteceu com os deuses, apresentar devidamente todas as deusas exigiria outro livro, por isso tenho de me concentrar nas deusas que estão atualmente mais ativas. Para maiores informações, recomendo o primeiro volume de *Our Troth*, o *Exploring the Northern Tradition*, de Galina Krasskova, e meus próprios artigos sobre as deusas, originalmente publicados na revista *Sagewoman* e agora disponíveis no meu site em www.hrafnar.org/articles.html. O site tem também música para as canções das deusas.

Idunna

Na cena dois da ópera de Wagner *Das Rhinegold*, os deuses se debilitam e envelhecem porque os gigantes levaram a deusa das maçãs douradas. Embora, na ópera, Wagner confunda Idunn (no inglês, Idunna) com Freyja, ele mostra claramente a importância da deusa de cujas mãos os deuses recebem o fruto que os mantém sempre jovens. Juntamente com Freyja, Idunna é a deusa que os gigantes mais desejam e, de fato, a certa altura ela é iludida por Loki, sequestrada pelo jötun Thiazi e resgatada novamente por Loki, que a leva de volta a Asgard na forma de uma avelã. Quando o gigante Thiazi tenta pegá-la de novo, é morto. Em Asgard, ela é a esposa de Bragi, o cantor dos deuses.

O significado do nome Idunna é "a que renova" ou "a força ativa". Um termo similar, *idhiagroen* ("verde renovado") é usado para o mundo que vai emergir depois do Ragnarök. Num poema do início do século X ("Haustlöng"), o complexo jogo de palavras compara Idunna à água borbulhando sobre pedras e a um campo de cereais, chamando-a de parceira divertida dos deuses (North, 1997). Ela pode ser vista como uma deusa da primavera, que é resgatada das garras do inverno para revitalizar a terra. Idunna engendra vida da morte e renova o mundo. Por esta razão, muitos pagãos, particularmente na Troth, veem-na como patrona da ressurreição da Tradição do Norte.

Costumo ver Idunna como uma jovem esbelta de cabelo louro. Suas cores parecem ser o dourado, o verde-claro e um vermelho-maçã meio rosado. Em seu pomar, as árvores estão em todos os estágios de crescimento, dando flor, fruto ou ainda no broto. Num blot para Idunna, enchemos o chifre com sidra e distribuímos fatias de maçã.

O que se segue é uma invocação a ela:

A fruta sagrada, no coração de Asgard escondida,
Cresce no jardim particular de Idunna:
Em árvores desfolhadas a vida é renovada,
Brilham em galhos nus flores prateadas,
Douradas são as maçãs dos deuses,
Doce a fruta com seus secretos grãos.

Nas trevas de Midgard, homens despertam da loucura:
Em campos deixados mil anos em repouso,
Sementes adormecidas estão enfim brotando —
Vê, Idunna, o novo dia raiando,
Traze para nós o teu ramo de bênçãos,
uma árvore de fé para abençoar a verdade.

E uma canção:

Crescem as maçãs no jardim de Idunna,
Que em fruto e em flor sempre acontecem.
O tempo não pode tocar quem sua doçura conhece,
Se bênçãos e bem-aventuranças enchem o caramanchão.
Dá-nos, senhora, ao menos uma porção,
E como os deuses sagrados seguiremos,
Na paz da tua força protegidos.

Skadhi

Na *Nova Edda*, somos informados de como um dia apareceu uma donzela gigante, armada de cima a baixo e furiosa, nos portões de Asgard. Seu nome era Skadhi e ela era filha do gigante Thiazi. Como compensação pela morte do pai, pediu que os deuses lhe concedessem seu palácio, Thrymheim, lhe dessem um marido escolhido entre eles e a fizessem rir. O palácio não foi problema, mas os deuses exigiram que ela escolhesse o marido olhando apenas para os pés deles. Skadhi presumiu que o mais belo par pertenceria a Baldur, mas os pés que escolheu pertenciam ao velho mestre do mar Njord. Loki finalmente conseguiu que ela risse amarrando a ponta de uma corda nos chifres de uma cabra, a outra ponta nos próprios testículos e se deixando sacudir de um lado para o outro — um exemplo privilegiado do humor viking.

O casamento de Skadhi com Njord não foi muito bem-sucedido, pois ele odiava as montanhas e ela não suportava viver ao lado do mar. Na tradição norueguesa, Skadhi se associou mais tarde a Odin e os filhos que teve com ele tornaram-se os ancestrais de várias linhagens de reis nórdicos. Segundo a *Nova Edda* ("Gylfaginning", 23), Skadhi vive nas montanhas, onde viaja com sapatos de neve ou esquis e caça animais selvagens. Como deusa da caça, é às vezes relacionada com Ull.

Em "O Desafio de Loki", Skadhi lhe diz que ele vai receber orientação errada em seus santuários e bosques sagrados. Isto, e nomes de lugares que sobreviveram, indicam que ela de fato foi venerada durante a Era Viking. Mostra também que não perdoou Loki pelo papel que ele desempenhou na morte do seu pai e, de fato, é Skadhi quem coloca a serpente no lugar apropriado para despejar veneno sobre o rosto dele.

Skadhi é fortemente associada ao inverno, quando os lobos uivam. Mas a neve também protege a terra. Alguns a veneram na cerimônia do Encanto do Arado, que marca a transição do inverno à primavera. Além dos lobos, ela pode ser vista como a predadora-protetora de todos os animais selvagens. No mundo humano, Skadhi é uma padroeira não apenas da caça, mas de todos os esportes e é especialmente estimada por mulheres independentes e pelas que fazem trabalhos geralmente associados a homens.

Nós a reverenciamos com a brancura da neve, o marrom-escuro da terra e lhe oferecemos vodca com gelo, além de bife bastante malpassado ou carne de cervo.

Uma prece a Skadhi diz:

Skadhi, deusa cintilante de esquis,
Beleza com o brilho do gelo,
Com o branco do inverno guardas a terra.
Sábia noiva de deuses;
Teus lobos selvagens correm pelo vento e o tempo ruim,
Caçadora sagrada, ajuda-nos,
Chama a tempestade como é certo para a estação!
Skadhi, eu te chamo!

E uma canção:

Quando os lobos uivam nos cumes da montanha,
Rápida, sob as luzes do norte,
Skadhi vem na neve deslizar.
Quando passar a neve,
Seus doces brotos vão encher os galhos,
A terra ao arado se abrirá.

Frigga

Quando comecei a trabalhar com Odin, ficou claro que também teria de conhecer sua esposa. A Fricka que vemos nas óperas de Richard Wagner é uma versão extremamente distorcida, baseada antes nas visões clássicas tardias de Hera que em qualquer coisa das antigas fontes do norte. Achei que Frigg (ou a forma anglicizada, Frigga) era uma figura fascinante, multifacetada, quase tão complexa quanto o próprio Odin.

Ela é chamada filha de Fjorgyn, que a teria criado como uma descendente dos gigantes da terra. Dela se comenta que "conhece todos os destinos, mas nada diz" ("O Desafio de Loki", 29). Fica-se com a impressão de que Frigga é o centro sereno a que Odin sempre retorna depois de suas peregrinações. Ela é também uma doadora de supremacia, conseguindo em várias histórias que seja concedida autoridade a determinados indivíduos ou tribos. Sua proteção pode ser poderosa, mas ela é incapaz de salvar Baldur, seu filho. Devido a essa perda, tem grande simpatia pelos que sofrem.

Na verdade, o nome inglês para sexta-feira [Friday] vem do nome de Frigga. Isto, no entanto, se baseia numa identificação de Frigga com Vênus, embora Vênus se pareça mais com Freyja do que com Frigga. Evidentemente, é possível que estas duas fossem originalmente uma só figura, mas no final da Era Viking haviam se tornado muito diferentes. Alguns pagãos preferem cultuar Freyja e Frey na sexta-feira e na quarta trabalhar com Frigga, juntamente com seu marido. O significado da runa Berkano (ᛒ) parece se ajustar aos atributos de Frigga e, assim, a bétula também está associada a ela. Sua carruagem é puxada por carneiros; é provável, portanto, que Frigga tenha um rebanho de ovelhas. Por esta razão, e porque fiar era uma ocupação importante das mulheres nórdicas, pensamos nela como padroeira da tecelagem, do tricô e de todos os trabalhos com linhas. Frigga também sustenta a tradição germânica de cuidar bem da casa e os que trabalham com ela se sentirão motivados a fazer alguma limpeza.

O nome da morada de Frigga, Fensalir, significa salões do pântano. Também associamos a ela aves pernaltas como as garças azuis. Como Freyja, ela tem um manto de penas de falcão — provavelmente penas da águia do mar ou águia-pescadora. Muitos pagãos tiveram independentemente a impressão de que suas cores são o branco e o azul-claro. Como seu carro é puxado por carneiros, cordeiro e carne de carneiro lhes são oferecidos nas festas. Podemos brindar a ela com hidromel ou vinho de ameixa.

Na *Nova Edda*, Snorri nos diz que Frigga é assistida por doze auxiliares, algumas das quais aparecem em outros contextos. Elas podem ser encaradas como deusas distintas ou formas que Frigga assume para atuar no mundo. Estas semideusas são:

1. *Fulla, que guarda o segredo dos mistérios.* Snorri nos diz que é uma virgem, com cabelos escorridos presos por uma tiara

de ouro. Leva o cofre com as riquezas de Frigga, cuida de suas meias e calçados e compartilha de seus segredos. Fulla parece ser uma figura básica, que guarda a simbologia visível dos mistérios. Seus símbolos são a tiara de ouro e o cofre que carrega.

2. *Saga, que conhece todas as velhas histórias.* Saga tem seu próprio palácio, Sokkvabek ("Salão Submerso") onde, segundo Snorri, bebe com Odin em taças de ouro enquanto um conta histórias para o outro. Saga conhece os nomes dos ancestrais e todas as histórias de família. Aconselha o disir e fala através de cada velha avó que preserva a caixa com as fotos de família e relembra os velhos costumes. Seus símbolos são uma taça de ouro ou um livro de histórias.
3. *Eir, a antiga curadora.* Snorri se refere a Eir como "médica extremamente boa". O nome também está incluído entre as "donzelas de Odin", sendo as demais indicadas em outros lugares como valquírias, mas aqui descritas como Nornes, que moldam o que tem de acontecer. Eir é a curadora dos deuses. Embora sua origem seja misteriosa, ela é associada por suas habilidades ao traçado do destino. Podemos presumir que pratique diferentes formas de medicina tradicional para mulheres, fortemente baseadas no conhecimento de ervas, alimentos e encantamentos. Seu aspecto é severo, mas compassivo. Seus símbolos são o almofariz e o pilão.
4. *Gefjon, que concede antes mesmo de sabermos que precisamos.* Gefjon é mencionada por Snorri como uma virgem que acolhe todas as moças que morrem sem casar. Seu nome significa "doadora", que é também um epíteto de Freyja. Aparece de forma independente como uma deusa dinamarquesa casada com Scyld e é a mãe dos gigantes que, sob a forma de bois, criaram a ilha de Zelândia, cortando com o arado um pedaço do continente. Gefjon tinha um santuário em Leire e um anel no pescoço que havia ganho tendo relações sexuais com um

rapaz. Ela pode ser vista como a trilha onde Freyja e Frigga se encontram. Mas no salão de Frigga, Gefjon é generosa como mãe. Seu símbolo atual é a cesta ou cornucópia.

5. *Sjofn, a que inclina o coração para o amor.* Segundo Snorri, ela volta a mente dos homens e das mulheres para o amor e do seu nome sai a palavra "afeição" (*siafni*). Hoje sentimos que o poder de Sjofn se estende muito além das simples atrações da luxúria ou amor romântico. Ela governa toda a rede de relações afetivas por meio das quais as mulheres mantêm a unidade da família, incluindo o amor de parentes, pais e filhos e o afeto que surge entre os que trabalham juntos. Um símbolo para ela é um coração de pedra rosa numa corrente de ouro.
6. *Lofn, que dá permissão para seguirmos nossos sonhos.* O nome de Lofn está relacionado às palavras do nórdico antigo para *permissão* e *orgulho.* Snorri nos diz que é ela quem pede que Frigga e Odin permitam uniões entre os proibidos de amar pela sociedade. Por extensão, Lofn dá permissão não só para casos de amor, mas também para fazermos todas aquelas coisas que nossos próprios bloqueios mentais ou a opinião da sociedade proíbem, incluindo desenvolver ou exercitar nosso poder pessoal e espiritual. Seu símbolo é uma chave de ouro.
7. *Syn, que guarda nossas fronteiras.* Syn guarda a porta do salão de Frigga e nega entrada aos que não devem entrar. É indicada como um suporte em assembleias onde há matérias que precisam ser refutadas. A palavra *Syn* significa "uma negativa", dizer "não".

   Syn protege as portas físicas que impedem o perigo de entrar em nossas casas, bem como os portões de nosso espaço pessoal e psíquico. Dá-nos a força necessária para dizer "não". Pode ser invocada quando queremos proteger uma casa, um espaço sagrado ou criar um escudo que possa resistir a ataque pessoal ou psíquico. Ela aparece na porta do salão de Frigga usando um traje cinza e segurando um bastão. Seu símbolo é a vassoura de galhos de bétula estendida sobre a porta para banir o mal.

8. *Hlin, que nos defende.* Hlin é a que protege aqueles que Frigga quer salvar e o refúgio do que estão em perigo. Representa Frigga nos versos: "Outro desgosto esperava Hlin, quando Odin sai para enfrentar o Lobo" ("Völuspa", 52). Os estudiosos geralmente concordam que o primeiro desgosto foi a morte de Baldur. Presumivelmente, Frigga é aqui identificada com Hlin porque neste caso não consegue proteger aquele que amava, Baldur, assim como será incapaz de ajudar Odin quando vier o Ragnarök.

   Onde a proteção de Syn é defensiva, a de Hlin é mais ativa. Luta por seus favoritos e os encoraja a sair do perigo. Protege contra os que poderiam se aproveitar da vulnerabilidade assim como da fraqueza física de uma mulher. Seu símbolo é a espada ou escudo.

9. *Var, que ouve todos os juramentos junto à lareira sagrada.* Snorri nos conta que Var testemunha juramentos e contratos particulares (*várar*), especialmente os firmados entre homens e mulheres, punindo aqueles que os quebram. Seu nome também pode ter alguma relação com o inglês *ward* (*guardar*). Suas funções são similares às da grega Héstia, que vivia no fogo da lareira, ouvia todos os juramentos e recebia a primeira oferenda.

   O poder de Var se encontra nas palavras que usamos para fazer nossos votos ou articular nossas intenções. Através de Var, a palavra é decisiva e as afirmações adquirem realidade independente. Ela está especialmente preocupada com aqueles acordos que não podem ser cobrados pela sociedade, os compromissos não escritos feitos por parceiros de uma relação e membros de uma família. Seu símbolo é o fogo da lareira ou o anel de juramento.

10. *Vor, que conhece todos os segredos.* Snorri nos diz que Vor é "sábia e indagadora, de modo que nada pode ser escondido

dela". Seu nome significa "percepção", "a capacidade de descobrir coisas". Ela é a vidente do grupo.

Vor é o poder de conhecer e manter em silêncio. No mundo exterior, ela funciona como a famosa "intuição feminina", isto é, a capacidade de interpretar indícios sutis para compreender o que está acontecendo. Nos planos interiores, é nossa guia para o inconsciente. Ela revela o que está escondido e nos ensina a interpretar a linguagem simbólica de nossos sonhos. É vista em tapeçarias sombrias e seu símbolo é o véu preto.

11. *Snotra, a sábia, que sempre sabe o que fazer.* Snotra é sábia e cortês ou de maneiras gentis. Em nórdico antigo, *snotr* é uma palavra que significa "noiva" ou "senhora", e que é aplicada a pessoas consideradas sábias ou providas de autocontrole.

    A sabedoria de Snotra vai além da mera etiqueta. Nela encontramos a qualidade que nos capacita a superar desastres físicos e sociais. Snotra tem uma compreensão profunda da natureza humana e das relações sociais. Não apenas compreende as regras de conduta, mas também as razões por trás delas. Seu símbolo é um lenço de linho.

12. *Gna, a mensageira.* Gna viaja sobre o céu e o mar num cavalo chamado Casco Florescente, levando as mensagens de Frigga de uma ponta à outra dos mundos. Snorri diz que seu nome significa pairar ou elevar-se, mas pode também estar relacionado a uma palavra indicativa do som de um relincho de cavalo.

    Gna é o poder de Frigga para transcender todos os mundos. É liberdade, capacidade de elevar-se além das limitações. Através de Gna, nós nos comunicamos com a deusa e ouvimos suas respostas. Gna tem uma aparência radiante e vigorosa e seu símbolo é a estatueta de um cavalo.

Quando estiver reverenciando Frigga, você pode lidar apenas com ela ou pode montar um círculo de luzes para suas auxiliares ao redor de uma vela central. O que se segue é um poema para Frigga:

Das trevas da terra tu te levantas, filha mais velha de Fjorgvin,
Vergando como a bétula nas fronteiras da geleira.
És a serenidade no coração do mundo, és seu silêncio.

Carneiros com velocinos brancos vagam livres ao redor da tua morada:
Em teu salão se encontra um tear; as Nornes fiam a linha para que a teças.
Um tecer urdido com os destinos do mundo. O padrão só tu vês.

Tu te sentas à frente da lareira, doze moças cintilam ao teu redor,
Centelhas de teu brilho rodopiam. Nas faces delas estás refletida;
És todas as mulheres de todos os mundos, és a Amada.

Doadora da Lei és tu e Sede Maior de Autoridade.
O Pai Supremo assessora reis, mas és tu quem os escolhe.
Ensinas magia a rainhas; dás nomes às nações.

Dourado o deus a que deste nascimento, mas o filho de Laufey o traiu.
Teu filho retornará quando tudo mais que amas estiver terminado,
Sabes tudo isto, mas nada dizes.

Mãe Toda-Poderosa, estamos reunidos agora em volta do teu altar,
Mulheres juntas, querendo tua sabedoria,
Ouve criatura santa, apressa-te a nos ajudar.*

Cante a canção abaixo, substituindo, cada vez que repeti-la, o nome de uma das auxiliares:

Sê bem-vinda Frigga [ou Fulla, e assim por diante] a nosso salão,
Ó Gythja, ouve a chamada,
Que tuas bênçãos cheguem a nós, Amada,
Que nossa canção escutes.

---

* No original inglês, as letras que iniciam cada estrofe do poema formam a palavra *Frigga*. (N. do T.)

Sif

A deusa Sif é mais conhecida por seu esplêndido cabelo dourado. Como na mitologia do norte o cabelo louro é o mais importante sinal de beleza, ela está claramente entre as mais louras das deusas. Sif é a esposa de Thor e a senhora do seu castelo. Tem com ele uma filha chamada Thruth (ou Trude), que significa "força", mas devido a uma relação anterior é mãe de Ull, o deus do inverno e da caça com arco. É também madrasta dos filhos de Thor com Iarnsaxa. Seu nome vem da palavra nórdica para afinidade ou parentesco por casamento, não de sangue. Como matriarca de uma família bastante complexa, é obviamente a deusa adequada para abençoar meio-irmãos, enteados, padrastos e todo tipo de família extensa, bem como os que se tornam irmãs e irmãos ao entrarem num clã.

A única narrativa que temos acerca de Sif é a história de como seu cabelo foi cortado por Loki. Quer ele tenha feito isso para envergonhá-la após ter dormido com ela, quer tenha feito por mera maldade, a perda foi devastadora. Por esta razão, Sif é uma poderosa consoladora e protetora das que foram estupradas, pilhadas, das que sofreram abuso físico ou emocional. Finalmente, seu cabelo é substituído por cabelo de verdadeiro ouro produzido pelos anões, mas ele jamais voltará a ser exatamente o mesmo.

O corte do cabelo de Sif é às vezes comparado com a ceifa do grão, cujo dourado ele lembra, e Sif é cultuada como uma deusa da colheita. Sua cor é amarelo-trigo e lhe oferecemos cerveja feita de trigo, além de cevada cozida com mel e manteiga.

Aqui uma prece para Sif:

> Bela senhora do louro dourado,
> Bênçãos te penteiam os cabelos,
> Cachos brilhantes fluem macios,
> Quando o vento sopra pelos trigais.
> Poderosa mãe do forte,
> Guarda o inocente do erro,
> E quando forem nossas vidas pelo mal atingidas,
> Levanta-nos, que a esperança pode reviver.

Todos que estão aqui agrupados,
Acolhem a tua dádiva como família e clã,
Parentes por escolha própria,
Por amor e lealdade atados.

E uma canção:

Te vemos passar no trigal, na ondulação,
É tua força que vemos quando cresce o grão.
Não te vás, radiante senhora, dá-nos alento,
Fica perto, doce deusa Sif, e leva o nosso sofrimento.

Freyja

Encontrei Freyja pela primeira vez quando estava escrevendo um romance sobre uma jovem que obteve a posse do Brisingamen, o colar sagrado da deusa. Na época, eu não percebi que estava abrindo a porta não apenas para a deusa, mas para todos os seus amigos. Freyja não é conhecida como uma deusa distinta no continente, onde Frigga é ao mesmo tempo deusa do amor e rainha. No norte, contudo, as duas figuras divergem. Seu nome significa "senhora" e pode ser um título honorífico usado no lugar de nomes mais antigos.

Snorri nos diz que Freyja sobreviveu a todos os outros deuses do Aesir, o que não é surpreendente, já que o cristianismo medieval não oferecia a seus convertidos uma divindade que abençoasse uma sexualidade sadia. Embora se diga que Freyja teve um marido, o misterioso Odr, ele desaparece de cena logo no início e, embora Freyja chore por ele e o procure, também toma amantes quando assim o quer. É possível que o culto Vanir tivesse uma atitude um pouco mais descontraída com relação ao sexo do que o Aesir. Quando Loki acusa Freyja de ter dormido com todos os homens num festival, o pai dela, Njord, reage dizendo que não vê razão para uma mulher não ter um amante além do marido ("Lokasenna", 33).

Freyja, no entanto, é muito mais que uma deusa do sexo. Tem uma das propriedades mais impressionantes de Asgard. Seu castelo, Sessrumnir (o de muitas cadeiras), está localizado em Folkvangar, "o campo cheio de gente". Além dos guerreiros que ela escolhe, as mulheres também podem terminar lá, como propôs a filha de Egil Skallagrimsson (*Saga de Egil*). Pelo que sabemos, as deusas sobreviverão ao Ragnarök. Freyja é uma deusa da vida e presumimos que ela e sua gente farão sua parte na construção do novo mundo.

Outro importante papel de Freyja é na magia. Na realidade, seu culto é uma fonte provável de muitas tradições da feitiçaria inglesa. Snorri nos conta que ela ensinou a arte do seidhr (ver Capítulo 12) ao Aesir. Como se diz que Odin também conhecia a magia seidhr, parece provável que esse conhecimento lhe tivesse sido passado por Freyja. A völva que profetiza da plataforma seidhr na *Saga de Erik, o Ruivo* usa, entre outras coisas, um gorro e luvas feitas de couro de gato, sugerindo que era uma devota de Freyja, já que a carruagem de Freyja é puxada por gatos.

O fato de que a deusa possa fazer dois felinos trabalhar juntos é uma prova do seu poder. Ela às vezes cavalga um javali chamado Hildisvini. Tem também um manto com penas de falcão que lhe permite mudar de forma e voar. Outros animais associados à deusa são a cabra e a égua. Seu maior tesouro é o colar Brisingamen, cujo preço foi uma noite passada com cada um dos quatro gnomos que o fizeram. Os colares são frequentemente encontrados em antigas estatuetas de deusas e este parece conter uma parte considerável do poder da Senhora. Quando busca Odr, chora lágrimas de ouro, por isso o metal está associado a ela, assim como o âmbar, a joia dourada que, em terras do Báltico, vem do mar. Hoje as cores que muitos associam a Freyja são o dourado, o verde e o vermelho-escuro.

O título mais popular de Freyja é *vanadis*, a "dis" ou guardiã feminina do Vanir. Seus cognomes incluem Syr, Gefn e Hörn. Syr significa "porca", sustentando a ideia do porco como um totem animal vânico. Gefn é um nome idêntico a Gefjon, que encontramos entre as auxiliares de Frigga, e é a deusa de quem se diz que arrancou com um arado a ilha de Zelândia da terra sueca e que pode ser encarada como a deusa territorial da Dinamarca. Hörn pode vir de uma palavra para linho, de modo que podemos ver Freyja fazendo linho assim como Frigga tece lã. Parece provável que a deusa da prosperidade fosse cultuada em muitos distritos sob diferentes nomes, mas todas compartilhavam o título de "Senhora".

Kveldulf Gundarsson propõe "the Frowe" como uma versão germânica do nome. Como seu irmão gêmeo, Frey, ela é invocada para favorecer todo tipo de produtividade, o que nos velhos tempos geralmente envolvia fecundidade. Assim, quando estiver pedindo o seu auxílio, seja muito preciso sobre o tipo de produtividade que você tem em mente.

As oferendas para Freyja incluem cevada, carne de porco, mel e outras coisas doces, além de bebidas suaves como cerveja de damasco e, é claro, goldwasser. Depois de Odin, Freyja parece ser a divindade nórdica cuja probabilidade de aparecer espontaneamente na vida das pessoas é maior. Sua esplêndida e jovial energia a transforma numa das deusas mais populares.

O que vem abaixo é a prece que escrevi para ela em *Brisingamen*:

Salve Freyja! Salve a deusa
Mais elevada e sagrada, salve!
Portadora do Brisingamen, Noiva do Vanir,
Corajosamente te anunciamos aqui.
Gefn, a generosa, deusa de brilho dourado,
Concede-nos agora teu favor
Lá onde vives no esplêndido Sessrumnir;
Senhora de Amor vestida de linho.
Como Syr nós te saudamos, amazona do Hildisvini,
Salvadora do Javali-Ottar és tu.
Gullveig a dourada, salto rápido nas chamas,
Tornando a te moldar o destino no fogo.
Mardöll das águas, poderosa tua beleza,
Amante de deuses e homens;
Égua do Vanir, como Gondul tu fazes galopar,
Levando reis do campo de batalha.
Senhora da vida, luz que fazes abrasar —
Deusa, mostra-nos tua glória!

E uma canção:

Conduzes a dança entre as feiticeiras,
Às pessoas trazes alegria, riquezas,

Senhora radiante, sempre querida,
Freyja, vem depressa até nós!

Nerthus

Se Freyja só é conhecida na Escandinávia, nossa única fonte para Nerthus é encontrada no *Germania*, escrito por Tácito, o autor romano do século I. O nome e, como veremos, sua função estão bem próximos da *Erde* ("terra") germânica para sustentar a identificação de Nerthus como uma deusa da fertilidade da terra. Sua similaridade com o nome "Njorth" também sugere um dupla original de irmão e irmã, embora isto não possa ser provado. Devemos observar que, para os primeiros europeus, a separação entre terra e água não era tão nítida quanto é no paganismo moderno, especialmente ao longo das costas pantanosas do Mar do Norte.

Segundo Tácito, Nerthus era cultuada por um povo chamado ingvaeones, cujo nome se relaciona a um dos nomes de Frey. Seu santuário ficava numa ilha no oceano. No começo da estação de plantio, seus sacerdotes levavam a imagem para o continente e a colocavam, coberta por um véu, numa carroça puxada por bois. Por onde a carroça passava, todos depunham as armas e mantinham a paz, pelo menos enquanto durava o festival.

Tais procissões são conhecidas de outras fontes na história germânica, especialmente no caso das divindades vânicas, e em muitas culturas, do Japão xintoísta à Itália católica romana, continuam fazendo parte da religião popular. No *Flateyjarbók* somos informados de um costume similar em que a divindade sendo transportada é Frey. Tácito continua nos dizendo que, quando a deusa completava seu trajeto, a imagem era devolvida ao santuário, onde era cerimonialmente lavada por dois escravos, que depois eram afogados.

Hoje têm sido feitas várias imagens de Nerthus, uma das quais está no Brushwood Folklore Center em Nova York, onde é conduzida pelos terrenos da instituição no início do Festival Starwood. A imagem é mantida coberta. Ninguém é afogado após manejá-la, mas quando uma dessas imagens era descoberta em Trothmoot, todos eram imediatamente afogados pela chuva.

Nerthus ocupa o nicho da "deusa terra" no panteão germânico e é uma das deusas do norte mais acessíveis à grande comunidade pagã.

O que se segue é uma prece que escrevi para ela:

Erce, Erce, Erce, Eorthan Modir,
Enraizados, procuramos obter sabedoria antiga,
Tiramos força do solo sagrado.
Nerthus, agora nossa necessidade está perto de nós,
Oferecemos culto — uma colheita sagrada
Exposta em beleza, Noiva e Mãe —
Belos presentes para a família de Rig.

E a canção que cantamos quando transportamos a deusa em sua carroça pelo campo em Starwood:

Ela está vindo, está vindo
Das profundezas da terra,
Vindo de sua ilha no mar.
Está vindo, está vindo,
Trazendo alegria e exaltação,
Vindo para nos libertar!

Hel

Alguns podem ficar surpresos ao ver Hel listada entre as deusas, mas embora ela seja uma figura sombria nas fontes antigas, tornou-se uma divindade importante para muitos pagãos de hoje. Há uma percepção de que desempenha um papel semelhante ao de Idunna, com quem começamos este capítulo. Como Idunna traz renovação no mundo dos deuses, Hel guarda os ancestrais cujos hábitos estamos tentando reconstituir. Juntas, elas nos proporcionam uma conexão a todos os aspectos do passado.

Hel é a filha de Loki com a giganta Angrboda. Quando os deuses descobriram como lidar com a estranha cria de Loki, ela recebeu como seu domínio o mundo mais distante sob as raízes da Árvore do Mundo. Lá se espera que ofereça "casa e comida" a todos que morrem de doença ou velhice (*Edda*, cap. 34). Snorri também nos diz que ela é metade preta e metade encarnada, parecendo "um tanto lúgubre e sombria". Não foi deixado claro que metade é uma coisa ou outra, mas hoje muitos a veem dividida pela vertical, escura de um lado e branca (ou mesmo esquelética) do outro.

Como veremos no Capítulo 11, os povos germânicos acreditavam que os mortos tinham uma série de opções, das quais ir para o reino de Hel era apenas uma. Embora se trate do mundo subterrâneo germânico, aqueles que o visitaram em visões acham que também podemos contatar os mortos não pagãos ali. Hel concede paz e descanso após as atribulações do mundo. Em seu reino a pessoa pode acessar a sabedoria acumulada das eras e encontrar as respostas para muitas questões.

As oferendas para Hel tendem a ser escuras e amargas, como pão preto, cervejas stouts ou um vinho zinfandel muito seco. Suas cores, evidentemente, são preto e branco. Alguns pagãos a veneram quando outros seguidores da religião gentílica estão celebrando o Samhain, pois é uma época em que muitos ancestrais estão sendo chamados e as portas estão abertas entre os mundos.

O que vem abaixo é uma prece para invocar Hel:

Rainha da Escuridão, filha de Loki,
Hel, quando procurarmos teus vales,
Abençoa-nos, senhora, com tua face brilhante,
Mostra-nos um caminho através das sombras,
Onde os ancestrais estejam aguardando,
E as memórias todas se escondendo,
Na tua clemência agora confiando.
Hel, nós estamos te saudando.

E uma canção:

Senhora da Escuridão,
Soberana da noite,
Dormimos em tuas sombras
Para acordar em tua luz.

CAPÍTULO 8

Meios de Devoção

As pessoas ainda estão dando os parabéns a Dave e Sofia quando Karen leva o chifre para Liliane, um tipo de mulher forte, bastante séria, que trabalha como executiva num banco. Seus subordinados jamais reconheceriam a ansiedade que ela mostra agora aos amigos.

Segurando o chifre, olha ao redor da sala.

— A maioria de vocês sabe que meu marido é reservista do exército. Bem, ele foi convocado na semana passada e já partiu para o treinamento. Estão precisando de gente na sua especialidade e logo ele entrará de serviço. Quero então erguer este chifre a Tyr. Amarrador do lobo, peço que mantenha meu marido a salvo. E tem outra coisa — sua voz falha —, peço que fique com ele e o ajude a trilhar o caminho da honra, a ver e fazer o que é certo, por mais difícil que a coisa possa ser. Traga-o de volta para mim, senhor, e darei um banquete em sua homenagem de que as pessoas aqui passarão muitos anos falando. Salve, Tyr!

O murmúrio de choque e simpatia aumenta enquanto ela bebe e devolve o chifre a Karen.

— Reparou que ela não pediu para Gabe lhe ser devolvido com todas as partes do corpo no lugar? — murmura Thorolf.

— É... só pediu pela honra dele — a esposa responde. — Invocou Tyr, cuja primeira preocupação é a justiça. No lugar dela, eu estaria pedindo a Thor para manter o martelo entre você e o mal a cada minuto de cada dia.

— Acha que ela está errada? — É Thorolf e a esposa percebe que ele está se perguntando se tem obrigação, como godhi, de prestar alguma assessoria.

— Acho que a coisa é entre eles e os deuses.

"Asatrú" significa a fé do Aesir. Para os pagãos de hoje, a essência da religião é nosso relacionamento com as deusas e deuses. Mas como vamos reverenciá-los? Mesmo que nossos ancestrais pudessem ter imaginado algo como um *Guia Geral da Prece*, é improvável que conseguíssemos segui-lo ao pé da letra. Contudo, como pagãos "reconstrucionistas", temos a obrigação de recuperar o máximo que pudermos dos velhos costumes. Felizmente, as fontes antigas nos dizem quando os ritos sazonais eram celebrados e nos dão algumas pistas sobre o que eles faziam. Sobre esta base, estamos construindo uma nova tradição gentílica, que continua a se desenvolver.

Amigos dos Deuses

Talvez porque sejamos uma população tão eloquente em seu modo de se expressar, a maioria dos pagãos norte-americanos acham mais fácil fazer uma forte conexão com os deuses e deusas do que com os ancestrais ou espíritos da terra. Embora nem todas as nossas divindades sejam mencionadas nas fontes antigas do continente e da Escandinávia, os principais deuses e deusas são encontrados nas duas áreas e os teodistas, que chamam os deuses por seus nomes anglo-saxãos, podem compartilhar um sumbel com seguidores do Asatrú escandinavo. O sumbel em si, um ritual em que o chifre é passado para que os participantes possam brindar aos deuses, heróis e outros, é mais uma tradição de que praticamente todos os pagãos compartilham. Para saber mais a esse respeito, ver o Capítulo 12.

Os pagãos podem divergir, no entanto, em suas ideias sobre o que são os deuses. Talvez a crença mais amplamente mantida diga que são seres espirituais que existem em outra dimensão da realidade, uma dimensão que cruza com a nossa. Há também aqueles que acreditam que os deuses têm uma existência física em outro universo, de onde nos contatam. Para outros eles são exemplos culturais específicos de figuras arquetípicas (Thor é visto como um aspecto do deus trovão, enquanto Loki é agrupado com os trapaceiros e assim por diante). Desconfio que, para a maioria, a questão importante não é saber o que os deuses são, mas se eles responderão quando os invocarmos.

Embora eu tenha trabalhado de forma bem-sucedida com divindades individuais de uma série de outras culturas, constatei que, como grupo, o panteão germânico é o mais "vivo, sólido e ávido por participar". Não sei se isto acontece porque foram os últimos a serem cultuados na Europa antes da conversão ao cristianismo ou porque pertencem à cultura da qual vêm a língua inglesa e muitas de nossas instituições, mas sei, por experiência própria, que mesmo obscuras divindades germânicas fazem sentir sua presença quando as invocamos. E quando de fato respondem, fazem-no antes como companheiros e aliados que querem trabalhar conosco que como senhores que desejam escravos.

O velho conceito viking de "amizade" com os deuses caracteriza o relacionamento que muitos pagãos têm hoje com suas divindades. No *Eyrbyggjasaga*, Thorolf Mostur-Beard é descrito como "um amigo íntimo de Thor". Na Noruega, ele estava encarregado do templo de Thor na ilha Mostur. Quando teve problemas com o rei, perguntou a Thor o que fazer e foi aconselhado a ir para a Islândia. Enquanto o navio se aproximava, jogou as colunas do altar do templo pela amurada e reivindicou a terra onde o deus as fez encalhar. Na *Gisli's Saga* (Saga de Gisli), um homem chamado Thorgrim era um "amigo de Frey"; tão estimado pelo deus que, após sua morte, a neve jamais permanecia em seu monte funerário, pois o deus não estava disposto a ter o gelo entre os dois.

A amizade fornece um modelo útil para nosso relacionamento com os deuses e deusas e outros seres sobrenaturais. Como qualquer outro relacionamento, a amizade com um deus exige respeito mútuo e atenção. Conversamos com nossas divindades, compartilhamos comida e bebida com elas, apaziguamos nossas mentes para que possamos ouvir o que têm a dizer. Para uns, estas relações se tornam extremamente íntimas e duram a vida inteira, enquanto outros podem trabalhar intimamente com um deus durante algum tempo e serem depois "passados" para outro. Existe ainda quem mantenha relações menos intensas com um certo número de divindades.

Embora a maioria dos clãs tente garantir que todos os deuses e deusas sejam venerados, em qualquer grupo haverá provavelmente vários membros que se tornarão conhecidos pela devoção a deuses específicos. Destes, Thor e Odin são provavelmente os mais populares (ou talvez os mais ativos em recrutar fiéis), seguidos de perto por Tyr e Frey. Entre as deusas, tanto Freyja quanto Frigga conservam seguidores entusiásticos. Embora seja mais comum homens tomarem deuses como protetores e mulheres deusas, Odin tem muitas devotas e conheço vários sacerdotes de Freyja. Alguém especialmente devotado pode se tornar conhecido como "thorsman" (homem de Thor) ou "freyjaswoman" (mulher de Freyja) — ou, é claro, "thorswoman" (mulher de Thor) ou "freyjasman" (homem de Freyja).

Assim como a amizade, a intensidade da devoção a um deus ocorre em diferentes graus. Para a maioria, o relacionamento permanece no nível da admiração e companheirismo, mas para alguns a conexão se aproxima da intensidade e compromisso de um casamento. Mesmo os que não são tão devotados podem às vezes experimentar a presença de um dos deuses ou deusas com a mesma força irresistível que os místicos de outras religiões.

Oferendas

No "Havamal", 144, perguntam-nos se sabemos como "solicitar", como "enviar" e como "ofertar". Solicitar significa dirigir-se a, rezar. O *blot* é a cerimônia em que a oferenda é feita e a pessoa abençoada (ver a discussão mais para o final deste capítulo). A oferenda deve então ser enviada para os deuses. Em retorno, eles se voltam para nós com sua ajuda e amor. O processo é recíproco. As oferendas, no entanto, devem ser mantidas num nível razoável. O Todo-Poderoso nos diz que:

É melhor não rezar do que fazer um excesso de oferendas,
Uma dádiva exige outra.
É melhor não enviar do que sacrificar demais. (145)

Nos velhos tempos, um sacrifício era literalmente isso — algo de valor, geralmente um animal, que era ritualmente morto e "dado" ao deus. Esta prática era universal no mundo antigo e, na maioria dos casos, parecia bastante prática. O sangue era derramado sobre o altar e borrifado em bênção, a cabeça e pele eram separados e deixados como oferenda, mas a carne era cozida e repartida entre os participantes do culto. Talvez muitas pessoas mais pobres só conseguissem comer carne por ocasião desses festivais. A ideia de que é melhor só comer animais que foram abençoados e mortos humanitariamente num contexto religioso sobrevive ainda hoje nos abates kosher e halal. Contudo, fazer um trabalho malfeito é o oposto do sagrado e, como poucos pagãos modernos têm a habilitação necessária, geralmente a comida de nossas festas vem da mercearia.

Hoje os pagãos oferecem bebidas e comida já pronta. Em vez de nos abençoarmos com gotas de sangue, derramamos um pouco de hidromel na tigela de oferendas. Como não contamos mais nossa riqueza pelos cascos, é a peça de carne e a idade da bebida que determinam a despesa e, por conseguinte, quanto de "sacrifício" representará oferecê-las. Uma seleção de itens da festa pode ser posta do lado de fora ou queimada na lareira. A bebida é oferecida quando brindamos aos deuses.

Contudo, há ocasiões em que sentimos a necessidade de fazer um sacrifício que não iremos compartilhar. Os povos celtas e germânicos às vezes depositavam armas capturadas e tesouros em lagos ou pântanos como oferendas de agradecimento por uma vitória. A prática contemporânea de atirar moedas em lagos, fontes ou em quase qualquer porção de água enquanto se faz um pedido pode remontar a essa tradição. Vi um pagão moderno atirar a réplica muito bonita de uma espada (primeiro "morta" cerimonialmente ao ser vergada) num lago. Acredito que isso tenha sido apreciado pelos deuses — o presente certamente impressionou os que testemunharam a oferenda.

Prece

A amizade com os deuses, como nossas relações com outros seres humanos, é mantida por comunicação regular. Tem havido muita discussão quanto à postura a adotar quando nos dirigimos aos nossos deuses. Enquanto alguns sustentam que um pagão deve sempre ficar de pé quando fizer as invocações, encarando as divindades de uma posição que, se não estiver no mesmo plano, exiba ao menos um espírito de independência, o cronista árabe Ibn Fadlan relata que os mercadores rus do Volga curvavam a cabeça diante dos pilares sagrados onde tinham feito as oferendas. A palavra inglesa *worship* (culto) vem do inglês arcaico *weordhscipe*, que significa "dar valor" a alguma coisa reverenciando-a. O que tem de vir primeiro é a atitude que levamos para o culto. A velha máxima dizendo "ponha-se numa atitude de prece e descobrirá que está rezando" nos lembra que os detalhes da prática são importantes principalmente na medida em que nos ajudam a alcançar um estado mental que nos permite fazer contato com os deuses. (Para uma discussão mais extensa destas ideias, ver "Worshipping the Gods" em www.hrafnar.org/norse/worship.html, ou *Our Troth*, vol. II.)

A prece em si pode ser um extravasamento silencioso do coração ou uma invocação formal. Rezar alto geralmente é parte de um ritual de grupo. Usar formas tradicionais como o verso anglo-saxão com aliteração e quatro acentos para orações pode não fazer diferença para os deuses, mas escolher uma forma apropriada sem dúvida ajuda os ouvintes humanos. Uma forma tradicional se apresenta como se segue:

> Salve [nome pelo qual a divindade é mais conhecida e um epíteto descritivo]
> Filho de [pai ou mãe, se conhecidos], companheiro de [cônjuge, se conhecido],
> Tu que habitas no [morada]
> Tu que [resuma um ou mais feitos da divindade]
> Com tua [ferramenta ou arma característica]
> Venha depressa me ajudar [ou venha ficar conosco]
> Porque eu [resuma a situação ou problema].

Para exemplos dessas invocações, ver as seções sobre deuses e deusas nos Capítulos 6 e 7. Preces formais são geralmente lidas ou decoradas. Um estilo improvisado e coloquial é mais íntimo e pode ser igualmente eficiente.

A prece mais conhecida das fontes antigas é o verso que a valquíria Sigdrifa recita depois de ser despertada do seu sono mágico por Sigurd. Uma tradução rimada diz:

> Salve a ti Dia e brilhante rapaz do Dia,
> Salve a noite e da sua filha a alegria.
> Com olhos que nos abençoam, possas tu ver,
> E a esses aqui, vitória conceder.
> Às deusas e deuses fazemos a chamada
> E à que concede a todos, a terra sagrada —
> Deem-nos palavras sábias e bem-estar,
> E nesta vida, as mãos que hão de curar! ("Balada de Sigdrifa", 2)

Ou você pode preferir usar a versão da tradução inglesa da *Antiga Edda*, feita em 1962 por Lee Hollander.

Nem toda prece é feita em público ou em voz alta. Em meditação, podemos viajar até os lares dos deuses para observar, aprender e fazer perguntas. Podemos também falar com nossos amigos divinos quando estamos em estados de consciência mais triviais e frequentemente podemos "ouvi-los" responder. Já que essas conversas não estão ao alcance do ouvido das outras pessoas, isso não seria um problema. É também permitido discutir com os deuses — de fato, eles parecem preferir pessoas capazes de enfrentá-los. Se Freyja, por exemplo, o leva a compreender que realmente gostaria de ter uma taça de ouro no altar, você está perfeitamente autorizado a pedir que providencie o dinheiro para que você possa comprá-la.

Seu altar doméstico pode se transformar num útil centro de meditação. Acenda a vela, derrame um pouco de hidromel na taça de oferendas e sente-se onde possa contemplar a imagem. Talvez você ache melhor pôr alguma música que o faça lembrar do deus ou deusa com quem está trabalhando. Respire devagar e calmamente; deixe o corpo relaxar. Olhe com atenção para a imagem ou construa uma representação da divindade em sua mente e depois feche os olhos. Conservando a imagem, abra sua percepção, articule sua pergunta ou necessidade (que pode ser tão simples quanto um desejo de contato) e sente-se tranquilo, esperando. Não se preocupe com a intromissão de pensamentos dispersivos: identifique-os e deixe-os ir. Você pode ter uma sensação da presença do deus ou da deusa, uma resposta ou ideia pode se introduzir em sua mente ou você pode simplesmente achar relaxante este período de tranquilidade. Mesmo que nada pareça estar acontecendo, a pessoa às vezes descobre mais tarde que houve uma mudança.

Altares

Um altar gentílico pode ir de uma parte do consolo da lareira, onde você conserva seu martelo de Thor e o chifre para beber, a uma mesa dedicada a uma divindade particular. Uma mesa-altar pode também ser criada para um ritual. O altar mais simples fora de casa é uma pilha de pedras. Estátuas de deuses e deusas nórdicos estão se tornando disponíveis na Sacred Source (ver a seção de recursos) e em outros pontos de venda, mas é igualmente apropriado, e até mesmo mais autêntico, esculpir uma face num pedaço de madeira.

O altar de um blot em honra de uma divindade específica é geralmente maior e mais simples. Numa toalha de cor apropriada à divindade, coloca-se o chifre para beber, a tigela de oferenda, garrafas do líquido que deve ser bebido e quaisquer outros itens a serem usados no ritual. Às vezes haverá espaço para velas, flores e uma estatueta, ou uma gravura ou estandarte podem ser pendurados atrás da mesa.

Um altar doméstico simples pode começar com uma peça de toalha colorida, sobre a qual se coloca uma estátua ou gravura da divindade, alguns símbolos da divindade, um chifre, um copo de pé ou uma tigela para oferendas de bebida, uma vela e talvez uma jarra para folhagens ou flores. Veja no quadro das pp. 96-97 as cores sugeridas para as diferentes divindades. Se seu altar vai reverenciar mais de um deus, uma toalha branca, de tom pastel ou neutro, pode ser a melhor. Você pode guarnecê-la com uma orla ornamental ou bordar um verso em runas em volta da beirada. Altares domésticos podem ser protegidos de crianças pequenas e animais se forem colocados em prateleiras altas ou cobertos por um pano. Pode-se fazer um altar temporário do lado de fora empilhando pedras; ele será permanente se as pedras forem cimentadas.

Blot

No saber antigo, a palavra *blot* (pronuncia-se "blout") refere-se à festa e/ou sacrifício em que ofertamos dádivas aos deuses. Na Era Viking, os animais trazidos para a festa eram sacrificados e as pessoas abençoadas com o sangue, que transportava para elas um pouco do poder dos deuses. Enquanto a carne estava cozinhando, o chefe da cerimônia a benzia, assim como benzia o chifre de hidromel ou cerveja. Isto era seguido por uma sumbel, como descrita mais adiante, em que a taça ou o chifre eram bentos, provavelmente com o sinal do martelo e, em sucessivas voltas, deuses, heróis e ancestrais recebiam um brinde ou uma oração. A isto se seguia o banquete.

Hoje, o blot tornou-se uma das práticas gentílicas mais generalizadamente aceitas. Embora inspirado pelo procedimento tradicional, agora o blot costuma ser um ritual com foco específico, como homenagear um deus ou uma deusa ou comemorar um feriado. O estilo do ritual varia de um clã a outro, com alguns grupos favorecendo uma estrutura um tanto precisa enquanto outros são extremamente informais. Seja como for, o estilo e o conteúdo devem se ajustar às pessoas e ao objetivo em questão. A essência do processo é trocar — nossa atenção e energia, simbolizadas pelas oferendas, pela ajuda e bênçãos dos deuses.

No *Book of Blóts* (*Livro dos Blots* — 2004,16), Rod Landreth relaciona os principais tipos de ritual como: ritos comemorativos que reverenciam um evento como a mudança da estação; ritos "congregantes" que fortalecem a comunidade; ritos com objetivo, executados para se alcançar um propósito específico; ritos iniciáticos, como juntar-se a um clã; ritos de devoção, que nos levam para mais perto dos deuses e deusas. Como ele salienta, em alguns blots podem ser combinados vários propósitos.

Foram sugeridas algumas linhas gerais para os blots. A maioria concorda com os elementos seguintes:

1. *Preparação*: Esse estágio inclui tudo o que vai de erguer o altar a reunir os participantes. Eles geralmente ficam de pé ou, se um banquete se seguirá, sentados num círculo ou numa roda oval. Se o rito não está ocorrendo num espaço dedicado, o líder pode querer consagrá-lo, antecipadamente ou como parte da cerimônia. Mesmo que a consagração não seja necessária, definir em termos cerimoniais as fronteiras do espaço ritual pode ajudar os participantes a se concentrarem. Muitos grupos usam o Rito do Martelo criado por Edred Thorsson (1984, 91). Outro método inspirado pela prática tradicional é conduzir fogo ao redor do círculo ou marcá-lo com uma lança. Alguns acham que esse estágio também deveria incluir uma oferenda ao espírito da casa ou da terra.
2. *Definindo o Foco*: Antes de começar ou neste ponto, o líder deve explicar ao grupo qual será o propósito do blot e resumir o que vai acontecer. Uma vez iniciado o rito, pode ser útil incluir uma leitura apropriada das fontes antigas.
3. *Invocação*: Também conhecida como Chamada, Halsing ou Convite. É a prece que saúda a chegada do deus ou deuses à assembleia. Uma prece pode seguir o formato dado anteriormente; você pode recorrer a alguma coisa como os textos que constam dos capítulos sobre deuses e deusas ou pode usar a própria inspiração. Escrever essas preces num estilo germânico intensificará o foco e isto será percebido como algo mais autêntico que o uso de uma prosa comum.
4. *Oferecimento*: Fazendo uma oferenda para o deus ou deuses. Em alguns blots, a oferenda consiste do hidromel ou outra bebida, que neste momento é consagrada à divindade, seguida

pela bênção. Dependendo, no entanto, do objetivo do ritual, a oferenda também pode consistir de alguma ação — de um drama ritual baseado num dos mitos à bênção e sepultamento de uma figura feita de pão. Nesse caso, a bebida seria abençoada do mesmo modo como em outras oferendas. A consagração atual consiste de uma bênção verbal e da "assinatura" do chifre com o sinal do martelo ou uma runa.

5. *Abençoando*: Depois que a bebida foi abençoada, é derramado um pouco na tigela de oferendas. Alguns preferem já ter alguma água na tigela para diluir o licor (especialmente se você estiver usando vinho) e poupar as roupas das pessoas. Usando um galho verde (o *hlaut-teinn*) para aspergir, o líder ou um assistente borrifa o líquido santificado sobre o altar e sobre cada participante, abençoando-os assim com o poder dos deuses. As tradições teodistas têm uma cerimônia particularmente bonita para isto.
6. *Compartilhando*: O chifre é agora passado ao redor do círculo. Em alguns grupos é passado de mão em mão. Em outros, uma determinada valquíria recebe o chifre e o entrega ao próximo participante. A pessoa que recebe o chifre geralmente o ergue em honra da divindade e diz: "Salve [nome]" e/ou algumas palavras de prece ou louvor, depois bebe (as propriedades físicas dos chifres para beber torna aconselhável beber com a ponta do chifre virada para baixo, para evitar os respingos) e o devolve ou o passa adiante. Quando todo mundo bebeu, qualquer sobra de líquido é derramada na tigela de oferendas. Se o rito está sendo executado fora de casa, as sobras podem ser derramadas diretamente na terra. Quando em casa, podem ser levadas para fora imediatamente ou depois do ritual.
7. *Conclusão*: Quando a obrigação do blot está encerrada, a ceia pode começar ou a área pode ser desconsagrada e os participantes autorizados a partir.

Para uma discussão mais detalhada dos blots, com muitos exemplos de vários estilos, ver o *Livro dos Blots* (2004) da Troth.

Sumbel

Os trechos com que cada capítulo deste livro se inicia são parte de um *sumbel* (do inglês arcaico *symbel*), que é o ritual mais básico da religião gentílica e o mais amplamente praticado. No costume de fazer brindes para homenagear pessoas em casamentos e cerimônias fúnebres, ele continua sendo parte de nossa cultura até os dias de hoje. O sumbel pode ter lugar como simples rodada no contexto de um blot ou pode se desenrolar como cerimônia específica. No sumbel, o hidromel ou cerveja são bebidos para recordar aqueles que são merecedores de homenagem e proclamar os feitos pelos quais esperamos que as pessoas se lembrem de nós.

O sumbel de estilo islandês consiste de três voltas. Na primeira volta, cada pessoa oferece uma prece, juramento ou louvor ao deus ou deusa de sua preferência. Na segunda volta, lembramos os heróis e os mortos. A terceira é geralmente uma volta aberta em que as pessoas podem homenagear os vivos, incluindo os que estão presentes. É também geralmente a volta em que se fazem relatos orgulhosos e promessas. No estilo anglo-saxão, as voltas continuam até o líder do sumbel sentir que o ritual atingiu um clímax.

Alguns acham que o sumbel só deveria acontecer em recinto fechado, enquanto outros não veem problema em realizá-lo no exterior. Num caso ou no outro, os participantes sentam-se em círculo. O líder do sumbel (geralmente o líder do grupo ou um convidado de prestígio) age como mestre ou mestra de cerimônias, anunciando o objetivo da volta e enchendo e abençoando o chifre. No estilo anglo-saxão, uma mulher, chamada de valquíria, pode ser escolhida para levar o chifre a cada participante, ou então cada convidado ou convidada pode ter seu próprio chifre ou copo de pé. O chifre também pode ser passado de mão em mão. Num sumbel aberto, alguns clãs permitem que qualquer pessoa que sinta necessidade disso peça um "chifre de água" para circular entre as voltas. Aqueles que, por qualquer razão, não podem ou não devem beber também podem honrar o chifre beijando-o, derramando um pouco do líquido na tigela de oferendas, ou na terra se a cerimônia é externa, ou mesmo aplicando uma gota na testa com pancadinhas do dedo. Alguns clãs podem fornecer um segundo chifre de sumbel cheio de uma bebida não alcoólica, como suco de maçã.

Os participantes podem falar sentados ou de pé. Alguns podem preferir simplesmente venerar o chifre em silêncio. Como juramentos feitos no sumbel não afetam apenas o destino da pessoa que os faz, mas também o de todos que testemunham a coisa, num sumbel de estilo anglo-saxão um *thyle* ou orador contesta as promessas que ele ou ela julgam impossíveis, imprudentes ou capazes de trazer má sorte e dá conselhos sobre as formas de melhorá-las. O thyle pode exigir que a pessoa diga que compensação ele ou ela darão se o feito não for cumprido. Os juramentos mais sérios podem ser feitos sobre um anel de poder mantido pelo clã para esse propósito. O que é dito no sumbel é registrado no Poço do Destino [Wyrd] e deveria ser tratado de acordo. Um sumbel adequadamente conduzido cria uma atmosfera de comunhão entre os membros do grupo e os deuses.

Dias Santos Pagãos

Nas sagas, ficamos sabendo de banquetes no início do inverno, no Yule* e na primavera. O folclore também fala de festivais no meio do verão. Além disso, um certo número de outros costumes são mencionados, embora nem todos sejam muito bem compreendidos. Hoje, a maioria dos clãs observa as bênçãos sazonais e pesquisam e selecionam possibilidades adicionais para as outras reuniões que fazem durante o ano. A lista seguinte foi compilada de um certo número de fontes na Internet e em outros lugares. Nem todos os grupos observam os dias que homenageiam heróis e mártires pagãos. Os clãs celebram as festas de muitas

* Yule ou Iul, solstício do inverno. (N. do T.)

maneiras diferentes, mas os dias santos que a maioria dos grupos de alguma forma comemora são indicados com um *valknut*, .*

Inverno

No norte, o inverno chega cedo. Assim como o pôr do sol marcava o começo de um dia, o período de gestação do inverno dava início ao ano.

Primeira lua cheia após o equinócio do outono: Descoberta do Inverno (*Winter Fylleth*) ou Noites de Inverno (*Vetmaettr*). A Aliança Asatrú separa estes feriados, observando a Descoberta do Inverno no equinócio em setembro e as Noites de Inverno em outubro. O velho calendário islandês as coloca entre 11 e 17 de outubro. Outros favorecem 12 de outubro. Sigvat, um bardo cristão do século XI, queixava-se num poema de lhe ter sido recusada hospitalidade numa fazenda porque as pessoas estavam fazendo sacrifícios aos alfar. Os alfar (elfos) são espíritos ancestrais. Quando só nos referimos aos ancestrais femininos, é usado o termo *disir*. Muitos clãs usam este feriado para venerar os ancestrais e celebrar a colheita. Alguns veneram apenas o disir, enquanto outros seguem uma tradição norueguesa e reverenciam os alfar no outono e o disir em fevereiro.

8 ou 28/outubro — Dia de Erik, o Ruivo, homenageando o fundador da colônia da Groenlândia.

9/outubro ou Dia do Descobrimento — Dia de Leif Eriksson, homenageando o primeiro europeu a realmente viver na América do Norte, no povoamento de L'Anse aux Meadows, Terra Nova.

9/novembro — Dia da Rainha Sigrid. Sigrid foi casada primeiro com o velho rei da Suécia, deixando-o quando descobriu que se esperava que ela cometesse sati quando ele morresse. Olaf Tryggvason cortejou-a, mas insistiu para que se tornasse cristã. Quando Sigrid respondeu que pouco se importava com os deuses que ele cultuasse, mas que ela ficaria com os deuses de sua família, Olaf a esbofeteou e chamou-a de puta pagã. Mais

* Insígnia de Odin, formada por três triângulos entrelaçados. (N. do T.)

tarde ela se casou com o rei Svein Forkbeard, da Dinamarca, e incitou-o a derrubar Olaf.

11/novembro ou Dia do Veterano — Festa do Einherjar.* Muitos clãs aproveitam esta oportunidade para reverenciar os guerreiros no salão de Odin e, por extensão, todos os que caíram defendendo seus países.

25, 27/novembro ou Dia de Ação de Graças — Dia dos Caçadores. São feitas oferendas para Ull e Skadhi por ajuda durante a estação de caça. Os que ficam em casa no Dia de Ação de Graças comemoram a data como um festival familiar, com uma oferenda especial para o espírito da casa.

9/dezembro — Dia de Egil Skallagrimsson. Hora de reverenciar o *berserker*** rabugento que foi também um dos maiores poetas de sua época. Leia a *Saga de Egil*. Experimente escrever alguma poesia.

MÊS DO YULE

13/dezembro — Dia de Santa Lúcia/Festa de Sunna. Esta festa, em que o papel de Sunna foi transferido para uma santa italiana e removido de sua data original no solstício, continua sendo feriado nacional na Suécia. A filha mais velha da casa aparece vestida com uma túnica branca e coroada de velas. Ela serve café e crepes à família.

14/dezembro — Tulya's E'en. Este dia abre o que as pessoas das Ilhas Shetland, cuja cultura era primariamente nórdica, chamavam de "Mês Festivo". Sete dias antes do Yule, todos os trolls*** são libertados do mundo subterrâneo. Esta é também a temporada em que Odin e a Caça Selvagem (*oskerei*) cavalgam. Chefes de família protegem suas granjas *persignando-as* ("abençoando-as") com o sinal do martelo e o fogo é conduzido através de todas as construções.

---

* Lutador solitário. Os *einherjar* passavam o dia guerreando, morrendo e sendo ressuscitados. À noite participavam de um banquete com Odin, comendo carne de javali e bebendo hidromel. (N. do T.)

** Guerreiro consagrado a Odin, que lutava em estado de êxtase e era capaz de se transformar em urso ou lobo durante a batalha. (N. do T.)

*** Seres elementares da natureza. (N. do T.)

16/dezembro ou quinta-feira antes do Yule — Noite do Tunderman. Todo o trabalho é suspenso, especialmente o que envolve rodas. É trazido o suprimento de lenha para o período do Yule. Aproveite a oportunidade para fazer uma ceia homenageando Thor e peça sua proteção para as tempestades de inverno.

19/dezembro — Noite da Mãe. Festa em honra de Frigga e das mães. Uma ocasião para celebrar a família, especialmente as mulheres, as crianças e os ancestrais femininos. Coma os biscoitos do Yule e leia contos de fadas. (Comemorado nas Shetlands no dia 15 como "Helya's E'en".) A partir deste dia e até o fim do Yule, toda a fiação tem de ser encerrada e guardada.

20/dezembro (ou véspera do solstício) — Véspera do Yule. A noite mais longa do ano. Acenda o tronco do Yule.* Asse no forno bolinhos do Yule para cada criança. A casa deve ser cuidadosamente limpa e uma luz deve ficar acesa a noite inteira. Ponha do lado de fora uma tigela de mingau com uma pequena porção de manteiga em cima para o espírito da casa.

21/dezembro (às vezes comemorado no dia 25 para coincidir com o Natal) — Yule. É realizada a ceia do Yule, tendo como atração principal um enorme assado de porco em honra de Frey. Nesta ocasião são feitos os mais sagrados juramentos. Mascarados representando a Caça Selvagem podem fazer uma visita às famílias. Uma oferenda para a *oskerei* pode ser posta do lado de fora.

31/dezembro (ou 5/janeiro) — Noite de Perchta. A deusa do trabalho das mulheres (também conhecida como Holda) visita as casas para ver se todo o trabalho está feito. Coma mingau de aveia e arenque em sua homenagem.

1 (ou 6) janeiro — Threttándi (Décima Terceira Noite). O momento liminar entre os anos velho e novo, quando os juramentos têm mais força. Dê o empurrão inicial no trabalho que você quer cumprir durante

---

* O tronco do Yule (ou árvore do Yule) costuma ser enfeitado com símbolos mágicos, como estrelas, sinos, trevos de quatro folhas, ferraduras, rodas, maçãs douradas e figuras de animais. (N. do T.)

o ano. É também uma boa ocasião para fazer leituras de runas para o ano vindouro.

9/janeiro — Dia de Raud, o Forte. Condenado à morte por Olaf Digre por sua recusa a se converter.

11/janeiro (ou 24 noites depois do Yule) — Up-Helly-Aa*. Uma ocasião para fogueiras, rituais de proteção de todos os tipos e dança. À meia-noite, bata em panelas e tambores e afugente os trolls, mandando-os de volta a suas tocas.

17-25/janeiro — Thorrablót. Um feriado islandês em honra do Inverno do Velho, no qual é servida uma comida tradicional preservada pelo frio do inverno, geralmente com muito álcool. Os pagãos norte-americanos costumam celebrar a data em honra de Thor.

2/fevereiro (ou na data em que arar o solo se torna possível na sua área) — Encantamento do Arado. Oferendas são feitas para a Mãe Terra e o primeiro sulco é aberto. Festa de Barri, comemorando o casamento de Frey e Gerd. Plante sementes dentro de casa para um posterior enxerto.

2 ou 14/fevereiro — Coisa do Disir (Disting ou Dísablót). Se as ancestrais femininas não foram reverenciadas nas Noites de Inverno, podem ser celebradas com uma festa específica quando o inverno estiver começando a dar lugar à primavera.

14/fevereiro — Festa de Vali. Atribuída a Vali, que vingou Baldur, provavelmente devido à similaridade do nome com Valentine [namorada]. Uma celebração do retorno da luz, do romance e do casamento.

9/março — Dia de Olver, o Mártir. Morto por Olaf Digre quando se preparava para o sacrifício da primavera.

VERÃO

20/março, equinócio da primavera ou primeira lua cheia após o equinócio — Ostara, Sigrblót ou Sumarmál (comemorada separadamente por alguns em 17 ou 19 de abril). Esta festa era realizada para abrir

* Procissão de tochas. (N. do T.)

a metade do verão do ano. Nos tempos vikings, o rei se sacrificava pela vitória durante as próximas campanhas e os lavradores faziam oferendas para o crescimento das colheitas. Hoje a maioria dos pagãos evoca tradições germânicas continentais da deusa Ostara ou Eostre (que deu seu nome a *Easter*, Páscoa), complementadas por coelhos e ovos, para comemorar o renascimento da Natureza.

9/abril, Dia do Jarl Hakon. Hakon Sigurdsson, jarl* de Hladhir, reverte temporariamente a maré de cristianização e europeização na Noruega, ajudando os velhos costumes a sobreviver.

23/abril ou Dia da Terra — Dia da Yggdrasil. Como descendentes do freixo e do olmo, é uma oportunidade que temos para honrar nosso parentesco com as florestas do mundo e nossa responsabilidade com relação a elas.

30/abril e 1º/maio — Walpurgisnacht (Véspera da Waluberga) e Dia de Maio. Um festival celebrando o desabrochar da primavera. Na véspera de maio, os velhos poderes revivem no Brocken e em outras montanhas sagradas. É um bom momento para trabalhos mágicos. O Dia de Maio é uma oportunidade para nos regozijarmos com a primavera e para venerar Freyja e o Vanir.

9/maio — Dia de Gudrod. Gudrod foi martirizado por se opor a Olaf Tryggvason, tendo sua língua cortada.

8/junho — Dia de Lindisfarne. Aniversário da primeira incursão viking e do início da Era Viking.

9/junho — Dia de Sigurd, o Volsung. Sigurd (Siegfried) é o herói do maior dos épicos germânicos e inspiração para as óperas do *Anel* de Richard Wagner.

21/junho ou solstício do verão — Meio do Verão. Celebração em honra da expansão do verão. Aproveitamos a oportunidade para nos reunirmos toda noite fora de casa com muita comida e bebida. Uma ocasião para homenagear Sunna ou Baldur.

9/julho — Dia de Unna, a Determinada. Uma grande matriarca e uma das primeiras povoadoras da Islândia.

---

* Chefe ou vice-rei escandinavo. (N. do T.)

9/agosto — Dia de Radbod, da Frísia. Radbod recusou o batismo quando foi informado de que seria separado de seus ancestrais na vida após a morte.

21/agosto (ou 1º de agosto em áreas mais ao sul) — Freyfaxi ou Festa do Pão. Início da colheita e primeiro pão feito do novo grão. Celebrados com esportes e corrida de cavalos em honra de Frey ou Thor e Sif.

9/setembro — Dia de Arminius. Neste mês, Arminius (Hermann), de Cherusci, encurralou e destruiu três legiões romanas na Floresta de Teutoburg, impedindo assim que os romanos conquistassem o leste do Reno.

Ritos de Passagem

Os principais ritos de passagem comemorados pelos pagãos incluem a bênção de crianças, rituais de chegada à maturidade para adolescentes, casamento, serviços em memória dos mortos e ritos de filiação. A bênção de um bebê geralmente inclui aceitar formalmente o recém-nascido na família, aspergindo sua cabeça com água (um rito gentílico antes de ser adotado pelos cristãos, que anteriormente tinham batizado por total imersão) e lhe dando um nome. Ritos de passagem à idade adulta podem incluir uma provação ou teste de alguma espécie, além da entrega de presentes e uma saudação formal de boas-vindas como membro adulto da comunidade. Cerimônias de casamento pagão geralmente apresentam um contrato de casamento e um louvor das qualidades da noiva e do noivo pelas famílias e amigos. Em serviços fúnebres, os presentes brindam ao falecido ou falecida e ceiam em sua homenagem. Tudo isto, é claro, também inclui pedir bênçãos às deusas e deuses.

Além disso, os clãs têm com frequência rituais formais para a pessoa se tornar um membro. Nem todos os pagãos sentem necessidade de renunciar formalmente à fé anterior, mas muitos o fazem e realmente se dedicam ao Aesir. Infelizmente, a falta de espaço não me permite incluir aqui os rituais precisos. Para exemplos destes, assim como para muitos outros tipos de blots e ritos, ver *Book of Blóts* da Troth (2004) e o volume dois de *Our Troth*, de Kveldulf Gundarsson (2005).

Dramas Míticos

Uma última categoria de ritual pagão é o drama mítico. As *Eddas* são um manancial de boas histórias que se prestam ao tratamento dramático como parte de uma celebração sazonal. Grande parte dos poemas da *Antiga Edda* já está na forma de diálogo e precisam de muito pouco trabalho adicional para se converterem em peças teatrais. Algumas possibilidades incluem:

Primavera: O Casamento de Frey e Gerd (baseado na "Balada de Skirnir");

O galanteio de Mengloth (baseado na "Balada de Svipsdag").

Verão: Casamento de Thor (baseado na "Balada de Thrym");

A Paternidade de Rig (baseado na "Balada de Rig").

Inverno: Drama de Baldur (baseado no "Sonho de Baldur").

CAPÍTULO 9

Magia Germânica

Ingleif está sentado ao lado de Liliane. É jovem, louro e de boa aparência. Quando se levanta para pegar o chifre, os guizos pendurados em seu cinto tilintam baixo.

— Como a maioria de vocês sabe, sou um homem de Frey, mas esta noite vou oferecer o chifre à irmã de Frey, que ensinou magia seidhr ao Aesir e que eu espero ensinará a mim. Tenho estudado as práticas xamânicas de outras culturas, mas existe muita magia na tradição do norte e acho que nosso clã deve ter alguém que a compreenda.

> "Freyja, escuta Freyja criatura bela!
> Gydhja, guia-me bem a cada dia,
> Vanadis, a visão desvelas,
> Quanto a Odin, tu abriste a trilha.
> Freyja, Freyja, segue criatura bela
> A liberdade do voo em tua forma de falcão,
> Amazona de Ottar, a estrada do destino revelas,
> Quando com a visão do seidhr aprendo a ver."

Ele ergue o chifre com um floreio e bebe com decisão.

Embora trabalhos mágicos não estejam no centro da religião gentílica assim como estão no centro da Wicca, são uma parte importante da tradição espiritual germânica. Hoje, a magia germânica é frequentemente dividida em duas grandes categorias: *galdr*, consistindo de todos os tipos de magia envolvendo fala ou música, e *seidhr*, às vezes chamada "magia mental", que inclui técnicas envolvendo transe e magia popular. É importante notar, contudo, que ao contrário da Wicca, que é tanto uma tradição mágica quanto uma tradição religiosa, o Asatrú se concentra em costumes comunitários e práticas religiosas em que a magia desempenha um papel secundário.

Trabalhadores Magos

Historicamente, nos países germânicos, a magia, com algumas poucas exceções, não era uma ocupação exercida em tempo integral. Como a música e a poesia, no entanto, foi uma especialidade que muitos podiam praticar durante parte do tempo. Em cada comunidade, certos indivíduos ganhariam reputação por sua perícia em vários tipos de trabalho mágico. O rico vocabulário mágico das línguas germânicas mostra como este trabalho podia ser variado. Onde [no inglês atual] temos de nos arranjar com *magic, witchcraft, wizardry, sorcery* ou *woo woo*,* os termos mágicos do inglês arcaico incluem *scinn*, um espectro ou ilusão, como em *scinn-craeft, galdor-craeft* para trabalho de feitiçaria, *wicce-craeft* (sortilégio), *lyb-craeft* (sortilégio baseado em drogas), *wigle* (divinação), *bealo-craeft* (trabalho para o mal) e *tungol-craeft* (sabedoria da estrela).

O *An Icelandic-English Dictionary*, de Richard Cleasby e Gudbrand Vigfusson (1874), nos dá o termo *völva* como "profetisa, sibila ou vidente". O termo foi aplicado a muitas figuras notáveis das sagas, assim como à oradora da "Völuspa". *Thul* (ou *thyle* do inglês arcaico) é um título para "iniciado", um sábio ou bardo que se senta no *pulr-stoll* — o "assento de thul" ("Havamal", 111) — para falar ou cantar. Uma mulher que pratica seidhr é uma *seidhkona* ou *spaekona*. Um homem praticante é um *seidhmadr* ou *spaemadr*. Um *vitki* (do inglês arcaico *witiga*) é um "mago". Formas masculina e feminina mais antigas talvez sejam *veitaga* e *veitago*. O verbo *vitka* significa "enfeitiçar". Outras palavras incluem

* Magia, bruxaria, feitiçaria, artes mágicas, uu-uuu, etc. (N. do T.)

o nórdico antigo *rúna-meistari* (mestre das runas) e *galdra-meistari* ou *galdra-kona* (um homem ou mulher que usa encantamentos). Termos menos lisonjeiros incluem *trollkjerring*, para aqueles que lidam com estranhos seres sobrenaturais, e *fjölkunnig*, para quem é versado em magia negra (isto pode ser relacionado à expressão inglesa mais tardia *cunning man*, homem astucioso). Havia a filha de Geirrid Thorolf, de quem era suficiente dizer que se tratava de "uma mulher que sabia uma coisa ou duas" (*Eyrbyggjasaga*, p. 45). Embora os que trabalham com o seidhr pareçam ter sido profissionais que passavam de um lugar para outro, a maioria dos que praticavam magia nórdica eram obviamente agricultores (ou, no caso de Egil Skallagrimsson, um skald e um guerreiro) ou donas de casa para quem a magia era uma ocupação secundária.

Gand

O mais perto que podemos chegar de um termo geral para magia no nórdico antigo é *gand*, que pode ser encontrado em palavras compostas designando criaturas mágicas, objetos ou atividades associados a trabalhadores magos. Pode ser definido como a arte de usar um objeto, como uma vara de condão, bastão ou vassoura para canalizar poder mágico. O *nidstöng*, ou mastro do desprezo, descrito na *Egilsaga* era uma vara com uma maldição gravada em runas, sobre a qual era colocada a cabeça de um cavalo ou outro animal para afugentar os espíritos da terra daquele que estava sendo amaldiçoado. Esta prática era também conhecida como *hopt*.

Galdr

O termo *galdr* (inglês arcaico *galdor*) se refere a um canto ou feitiço, mas é também usado em palavras compostas para indicar outras práticas ou itens mágicos, presumivelmente porque são entoados feitiços quando estes itens são usados. Como termo mágico é comparável às palavras inglesas derivadas do latim *cantare*, como *enchant* [encantar] e *incantation* [encantamento]. Hoje muitos consideram que *galdr* engloba todo tipo de magia verbal e cerimonial, como oposta à magia mental do seidhr. Na prática, é claro, a maioria dos trabalhos mágicos requer palavras, ações e uma mudança na consciência, por isso esta colocação pode ser discutível.

Existem alguns indícios de que os feitiços eram entoados em voz alta. Eram usados para atar ou desfazer laços, para encantar, ofuscar e envolver. As palavras compostas indicam a variedade de feitiços:

Val-galdr: despertar os mortos para saber alguma coisa deles (por apelo verbal ou esculpindo runas numa lasca de amieiro e colocando-a sob a língua do cadáver);
Gro-galdr: uma fórmula de conjuro para forçar um wight [ser sobrenatural] a responder;
Natt-galdr: canto noturno, para inibir espíritos que caminhem à noite;
Lirla-galdr: canto mágico e cadenciado, para induzir o alvo a adormecer; caracteriza-se pelo ritmo, melodia, zumbido de palavras e frases sussurrantes, ininteligíveis;
Nid: feitiços para amaldiçoar ou invocando espíritos para atacar um inimigo, frequentemente esculpidos em runas numa estaca.

Runas

Hoje as runas são mais conhecidas como meios de divinação. Mas de acordo com a prática antiga, é claro que eram (e são) usadas em cura e em magia ofensiva e defensiva. Nossa melhor evidência do uso das runas na divinação vem de um trecho do *Germania*, que nos conta como os chefes de famílias decidiam questões importantes atirando lascas de troncos de árvores frutíferas gravadas com certos signos. Presumimos que estes signos fossem as runas. A mais antiga inscrição rúnica de que se tem notícia foi encontrada num broche dinamarquês datado em torno do ano 50 d.C. O alfabeto rúnico, chamado *futhark*, conforme os sons iniciais dos seis primeiros signos, é muito parecido com um antigo alfabeto do norte da Itália e, provavelmente, resulta de um antigo contato entre tribos germânicas e mercadores do Mediterrâneo. Na mitologia, as runas são criação-descoberta de Odin, que teve a permissão de "tomar posse delas" mediante uma provação de nove dias suspenso na Árvore do Mundo. Ele as compartilhou com os deuses, elfos e homens, embora não se saiba se todos os seres receberam as mesmas runas.

A forma mais tradicional para as runas usadas em divinação são os gravetos ou lascas de madeira. Hoje a maioria dos pagãos julga mais conveniente usar discos de madeira, de preferência peças que eles próprios talharam num galho, ou pedras. Depois de atiradas numa toalha, as runas podem ser dispostas em diferentes padrões sugestivos, inspirados no método usado para o tarô.

Os futharks que sobreviveram mostram inúmeras variações, mas a maioria dos pagãos modernos usa o futhark "Mais Velho", de 24 runas. A "runa vazia" é uma invenção moderna e a maioria dos pagãos considera que sua maior utilidade reside na possibilidade de substituir alguma runa que tenha se perdido num conjunto. Nossa compreensão dos sentidos básicos das runas é derivada do poema rúnico anglo-saxão e dos poemas rúnicos noruegueses e islandeses, embora os últimos abranjam apenas o futhark "Mais Novo". Como o alfabeto hebraico, as runas não são apenas sons e signos, mas também possuem nomes e significados. Como sistema, as runas são ricas e complexas. Cada uma abre a porta para toda uma área da cultura germânica. A interpretação é influenciada pelo contexto e situação. Não obstante, hoje como no passado, podemos tentar resumir sua significação em poesia.

O que se segue é a versão que escrevi para meu livro *Taking Up the Runes* (2005):

ᚠ FEHU são rebanhos e campos férteis,
Frey descobre liberalmente riqueza para os amigos.
ᚢ URUZ, auroques*, atira-se em direção à terra
Força do espírito para dar forma à criação.
ᚦ THURISAZ, os espinhos de Thor,
É força que liberta ou enfrenta um inimigo!
ᚨ ANSUZ, OS, é a sabedoria de Odin,
Comunicando êxtase.

* Touro selvagem europeu, agora extinto. (N. do T.)

ᚱ Quanto a RAIDHO a estrada está aberta
Para o trabalho e o mundo rodarem juntos.
ᚲ KENAZ compreende o fogo da criação;
Com tocha transformando lareira e salão.
ᚷ GEBO une a dádiva e o doador
Em igual troca de energia.
ᚹ WUNJO conquista a bênção do Pai realizador de desejos,
A alegria une as pessoas na liberdade da família.
ᚺ HAGALAZ faz chover aqui pedrinhas de gelo,
O dano se derrete na cura.
ᚾ NAUDHIZ é Necessidade.
Runa-Norne forçando o Destino a partir da Falta.
ᛁ ISA é o Gelo, inércia,
Estática e serenidade.
ᛃ O Ciclo Anual de JERA dá boa colheita;
Justa recompensa quando as estações amadurecem.
ᛇ EIHWAZ, Teixo de Yggdrasil,
Arco de Vida e Morte, mundos se atando.
ᛈ PERDHRO despeja seu jogo da taça Runa,
Sorte ou mudança para homem ou criança.
ᛉ ALGIZ, alce-junco de folhas, chifres agudos,
Poder de totem que dá proteção.
ᛋ SOWILO põe a roda do Sol nos ares;
Conduzindo a luz pela terra ou mar.
ᛏ TIWAZ é a runa de Tyr;
Vítima vitoriosa, impondo justiça.
ᛒ BERKANO, bétula, noiva e mãe,
Traze-nos o poder da terra para o renascimento.
ᛖ EHWAZ, Eol, energia em expansão,
O Cavalo sagrado une deus e humano.
ᛗ MANNAZ todo Homem é senhor;
Todos os filhos de Rig são parentes.
ᛚ Do Lago de LAGUZ a vida sempre fazendo fluir
Fontes da mãe-profundezas da escuridão.
ᛜ INGWAZ vaga pelo mundo em sua carruagem
E morrendo deixa vida na terra.

ᛞ DAGAZ é um brilhante raiar do Dia,
Vida, desenvolvimento e luz para todos.
ᛟ OTHALA é o sagrado Lar do coração
Para o clã e parentela de mente e corpo.

Inscrições rúnicas foram encontradas em objetos pessoais, pedras mortuárias e rótulos usados pelos mercadores vikings. Nas sagas, temos referências a seu uso (especialmente por Egil Skallagrimsson) em feitiços de cura, para revelar a presença de veneno num chifre de bebida e para lançar uma maldição. Nas *Eddas*, há referências à inscrição de runas em armas e outros itens. Infelizmente, embora o uso das runas seja descrito, na maioria dos casos a runa a ser usada não é declarada, deixando muitas oportunidades para a pesquisa do lançador de runas. Em geral, quanto mais se sabe sobre a cultura e crenças de onde as runas vieram, melhor se vai compreendê-las.

A maioria dos pagãos modernos tem alguma familiaridade com as runas e podem usá-las para decoração, assim como para outros objetivos. Muitos começam o dia desenhando uma runa e meditando sobre seu significado. Uma série de excelentes livros sobre o trabalho com as runas está relacionada na seção de recursos. Para os que desejam desenvolver estudos rúnicos mais esotéricos, o Rune Gild de Edred Thorsson oferece instrução avançada.

Seidhr

A segunda grande divisão da magia do norte é o seidhr. Estes dias são reservados para cobrir todos os tipos de magia envolvendo atividades de transe e habilidades similares às práticas xamânicas de outras culturas. Alguns acreditam que muitos de seus elementos foram aprendidos dos *finns* ou *samis*, que têm a reputação, nas sagas e no folclore, de serem poderosos trabalhadores magos. Essas práticas, no entanto, são conhecidas de um extremo a outro das culturas indo-europeias. A derivação da palavra é incerta — possivelmente tem relação com *seethe* [ferver, borbulhar], como no preparo de feitiços num caldeirão.

A maioria dos exemplos dados no dicionário do nórdico antigo refere-se à prática oracular descrita na *Saga de Erik, o Ruivo* e em outros lugares. Mas o termo também é usado em *Heimskringla* (*Ynglingasaga*, cap. 7), na lista de poderes de Odin, onde inclui não apenas a profecia mas também a capacidade de afetar o tempo, viajar em forma animal, provocar doença ou morte e levá-las embora, ou conferir poder ou inteligência. O seidhr pode ser trabalhado para trazer ou remover sorte e prosperidade, promover a fertilidade das pessoas, animais e campos (ou, em pelo menos um caso, para inibir a virilidade masculina) e trazer sorte na caça e na pesca.

Ham-skiptast, ou mudança de pele, é uma das habilidades incluídas nesta área. Exceto para os berserkers, que assumem a persona de ursos em vez de se transformarem fisicamente, isto parece ter envolvido uma jornada espiritual numa forma animal. Na *Saga do Rei Olaf* (cap. 37), o rei Harald da Dinamarca deseja descobrir o que está acontecendo na Islândia. Seu "mago" viaja para a Islândia na forma de uma baleia, mas é repelido pelos espíritos da terra locais. Na *Saga de Hrolf Kraki*, o herói Bodhvar Biarki manda seu espírito para a batalha na forma de um grande urso vermelho. No folclore escandinavo acreditava-se que todos tivessem um duplo em forma de animal que podia ser percebido pelos que tinham segunda visão. Esta crença tradicional pode estar por trás dos elementos animais em nomes de pessoas e totens de família.

Um método usado para meditação ou possíveis jornadas espirituais fazia a pessoa se enrolar num manto e passar várias horas num local isolado, como o espaço sob o convés de um navio, para solucionar um problema. O exemplo mais famoso é a história de Thorgeir de Lightwater, *lawspeaker* (uma posição intermediária entre presidente da câmara e presidente do supremo) da All-thing na Islândia, que usou este método para arquitetar um compromisso sobre a conversão ao cristianismo, salvando a Islândia da guerra civil. Técnicas que parecem bastante semelhantes são ensinadas hoje, como viagem xamânica ou astral.

Comum a várias fontes antigas é a prática da *utiseta* ou "sentando-se do lado de fora", em que a pessoa se senta num local sagrado ou num monte tumular (geralmente à noite) para fazer trabalho mágico, entrar em transe, comunicar-se com os mortos e assim por diante. Na "Balada de Svipdag", um jovem amaldiçoado pela madrasta senta-se no monte tumular da mãe para que seu espírito possa aconselhá-lo. Fazia-se magia de um tipo mais ativo cantando e dançando num lugar alto, como o telhado de uma casa (na Islândia, as construções tinham paredes muito grossas e telhados de capim suficientemente fortes para os animais pastarem sobre eles, portanto isto não é tão estranho quanto parece). Na *Laxdaelasaga* (cap. 35), um homem chamado Kotkel e seus dois filhos constroem uma plataforma para fazer magia de mau tempo contra um homem que eles acreditavam tê-los enganado. Rebenta um temporal que afoga o inimigo.

Outras práticas mágicas mencionadas no saber tradicional (e no folclore) incluem feitiços executados por movimento giratório, torção ou amarração, manipulação de ervas, projeção e remoção dos "mísseis" dos elfos ou fornecimento de proteção mágica. Qualquer um com espírito forte podia pôr o "mau-olhado" numa pessoa ou animal, às vezes sem intenção. Praticantes do seidhr podiam também enviar pesadelos, alguns suficientemente palpáveis para esmagar seus recipientes. Embora feitiços de batalha sejam também trabalhados por galdr, o seidhr tinha um lugar nas campanhas militares, como quando a princesa-feiticeira Skuld executa magia de sua plataforma seidhr durante a batalha climática na *Saga de Hrolf Kraki*.

Seidhr Oracular/Spae

Embora o uso das runas para divinação não seja mencionado nas sagas, temos um grande número de referências sobre a obtenção de augúrios e profecias por outros meios. Às vezes, isto é feito pela interpretação de presságios. Contudo, o relato mais notável — de fato o mais extenso relato remanescente de *qualquer* cerimônia mágica ou religiosa da Era Viking — é o episódio em que Thorbjorg, a "pequena völva", profetisa em Herjolfsness, na Groenlândia, descrito na *Saga de Erik, o Ruivo* (cap. 4). Somos informados que ela senta numa *seidhjallr* (plataforma seidhr), usando um traje que inclui acessórios feitos de couro de gato, e é posta em transe pelo canto de uma certa música. Responde então às perguntas das pessoas com relação à sua situação presente e faz profecias sobre a vida futura da moça que cantou para ela.

Episódios semelhantes aparecem numa série de outras sagas, talvez porque sejam um útil expediente literário para prolongar uma história. Os poemas das *Eddas* em que Odin procura a völva arquetípica no mundo subterrâneo podem refletir o modo como o interrogatório era conduzido. É dito que as videntes, individualmente ou em grupos, deslocavam-se de um distrito para outro mais ou menos como os pregadores itinerantes do século XIX e as pessoas se reuniriam para as cerimônias. Nas sagas, vemos o rito oracular sendo executado apenas por mulheres, mas há referências à participação de homens em tempos mais remotos.

Tem havido alguma discussão quanto a saber se esta forma de divinação deveria ser classificada como seidhr, como *spá* em nórdico antigo ou como *spaecraft.** O estudioso H. R. Ellis Davidson chama-a de seidhr em *Gods and Myths of The Viking Age* e é sob esta designação que ela é mais amplamente conhecida. Em meu próprio trabalho, costumo usar o termo *seidhr oracular* para distingui-la de outros tipos de magia seidhr.

No início da década de 90, comecei a investigar meios de reconstruir o seidhr oracular, uma prática mágica nativa do norte da Europa que poderia ser útil à comunidade gentílica. Desde então, meu próprio grupo, Seidhjallr, tem apresentado regularmente o ritual em festivais regionais. Treinei indivíduos e grupos que estão agora praticando em outras partes dos Estados Unidos e do Reino Unido. Para mais informações, ver meu site www.seidh.org. Embora nem todos os pagãos ou grupos pagãos optem por participar, a prática é agora bem conhecida e aceita como parte da moderna cultura gentílica.

Possessão pela Divindade

Uma prática mágica adicional deveria ser mencionada, a de assumir a persona de um deus ou deusa durante magia ou ritual. Tenho de enfatizar que isto *não é* um componente padrão da prática gentílica contem-

* Comunicação com espíritos por intermédio da clarividência. (N. do T.)

porânea e seus indícios nas fontes antigas são incertos. O fato, no entanto, é que se trata de uma possibilidade humana e, às vezes, em particular quando alguém está trabalhando intensamente com uma divindade e é naturalmente receptivo, pode espontaneamente ocorrer.

Na *Saga de Heidrek* e *Saga de Gautrek*, Odin parece ter possuído hospedeiros humanos para cumprir certas proezas. Na história de Gunnar Helming (em *Flateyjarbók*), um jovem é persuadido a fingir ser o deus Frey. Não se acha, de fato, possuído pelo deus, mas os suecos que está visitando parecem nitidamente familiarizados com essas práticas. Quando o rei manda levar Gunnar para casa, é porque "os mais fortes cultos pagãos se dão quando homens vivos são cultuados". Assim a possessão pelo deus pode, em tempos antigos, ter sido praticada por sacerdotes e sacerdotisas, embora não seja mais uma ocorrência regular durante a Era Viking.

Um trabalho intencional de possessão só deveria ser tentado por aqueles que já têm experiência em atividade de transe e estão trabalhando com outras pessoas experientes. Nunca deve se tornar um substituto do estudo das fontes antigas e de outros modos de trabalhar com os deuses. Mesmo quando um deus está falando, a mensagem vem através do "software" do cérebro humano e, por conseguinte, pode ser distorcida. Seja como for, como pagãos, somos responsáveis por nossos próprios atos, não importa com quem achemos que estamos falando.

Se a possessão pelo deus acontece espontaneamente, a pessoa deve ser trazida à terra firme por uma administração de sal ou água (se necessário, sendo mergulhada nela) e a personalidade normal chamada de volta falando-se sobre elementos mundanos da vida dele ou dela. Se o episódio ocorreu porque a divindade tem algo importante a comunicar, a conexão pode ser feita com mais segurança por viagem espiritual (preferivelmente com o apoio de um amigo) até a morada do deus.

TERCEIRA VOLTA

Brindes, Orgulho e Juras

CAPÍTULO 10

Vivendo o Asatrú

O chifre completou seu caminho ao redor do círculo pela segunda vez. Janet anuncia que a terceira volta será aberta, onde as pessoas poderão falar conforme a inspiração que tiverem. Cumprido de novo mais ou menos um quarto do caminho ao redor do círculo, o chifre chega a Hárlinda. É uma moça bastante tranquila, que usa um brinco com o valknut e está sempre vestida de azul ou preto. Pega o chifre com um ar muito sério.

— Ofereço este chifre a Odin — diz ela, segurando-o no alto.

— Como era de se esperar — murmura alguém, sendo silenciado pelo amigo.

— Ao Pai Supremo, cavaleiro do vento, doador da vida, senhor da inteligência e da sabedoria, eu rogo. — Sua voz fica mais forte. — Durante anos, vivi dizendo que queria ser escritora, mas sempre tive medo... medo de fracassar e medo ainda maior de ter sucesso. Mas me coloco diante dos deuses e diante de vocês sentados neste salão e digo que, a essa altura, no ano que vem, acabarei meu romance e o enviarei, e continuarei a enviá-lo até que venda ou os editores se esgotem.

Quem sussurrava ficou em silêncio. Thorolf faz sinal com a cabeça para Roderic, que se levanta e encara Hárlinda.

— Nós a escutamos e os deuses a escutam — diz ele. — Ao fazer este voto num sumbel você ligou nosso destino ao seu. Se fracassar nisto, que weregild* vai nos pagar?

* Tributo devido à comunidade para ressarci-la de uma ação errada. (N. do T.)

— Bem, se não conseguir escrever o romance, acho que não faria sentido propor escrever um poema para cada um de vocês... — Ela consegue sorrir. — Tudo bem. Se eu fracassar nisto, prometo que vou doar um dia de trabalho doméstico a cada família do clã.

Os que viram a casa de Hárlinda erguem uma sobrancelha, mas ninguém pode negar que, para ela, passar um dia fazendo limpeza seria um sacrifício.

— Sua promessa está aceita — diz Roderic.

— Salve Odin! — Hárlinda bebe do chifre.

Uma religião serve a muitos propósitos para seus seguidores. Através de práticas rituais e espirituais, nossa fé nos ajuda a fazer contato com os deuses, cria uma comunidade de crentes para apoio mútuo e camaradagem, oferece uma visão de mundo e parâmetros de orientação sobre como viver. Para os pagãos, a expressão "Live trú" [Viva o Asatrú] significa mantermos a fé nos deuses, a fé uns nos outros e em nossos próprios e verdadeiros eus. Mas não agimos isoladamente. Estamos conectados por uma teia de opções e relações, e desempenhamos nossos papéis numa história cósmica que está em processo.

Começos e Fins: Cosmologia

Uma das primeiras perguntas que as pessoas fazem sobre uma religião é o que ela ensina com relação à origem do mundo e a seu fim. Hoje, a questão de saber se a teoria do "Plano Inteligente" deveria ser ensinada juntamente com a da Evolução está sendo debatida de uma ponta à outra dos Estados Unidos. Alguns sugeriram que o problema seja resolvido ensinando-se os mitos da criação de todas as religiões do mundo. Essas histórias não explicam "como" o universo passou a existir, mas podem oferecer percepções do "porquê".

Para um relato de como as pessoas do norte explicavam as origens do mundo, voltamo-nos para as *Eddas*. No primeiro poema da *Antiga Edda*, a vidente arquetípica nos fala do começo do tempo, "quando nada havia. Não havia areia, nem mar, nem ondas serenas. A terra não existia, nem o céu no alto. Havia o enorme vácuo, mas nada se mexia" ("Völuspa", 1, citado em Faulkes, 1987, p. 9).

Isto é desenvolvido no "Gylfaginning" (na *Nova Edda* de Snorri Sturlusson), em que um rei humano chamado Gylfi visita Asgard e faz muitas perguntas. Quando ele quer saber "o que havia no começo?", é informado de que primeiro existia o que veríamos como dois estados extremos da matéria: Muspelheim, um reino de fogo quente demais para qualquer ser humano lá entrar, guardado pelo jötun Surt, e Niflheim, um lugar de brumas do qual fluem geleiras — rios tão frios que, quando param de se mover, transformam-se em gelo, sobrecarregados por camada após camada de geadas. Entre os dois reinos se acha o grande fosso do Nada: Ginungagap.

Quando a geada congelada de Niflheim encontrou as abrasadoras faíscas de Muspelheim, "...de modo que derreteu e pingou, houve uma animação das gotas que escorriam devido ao poder da fonte do calor e elas assumiram a forma de um homem, que foi chamado de Ymir". Ymir é o Ser Primal personificado, humano no sentido único de ter uma forma. Como diz o jötun Vafthruthnir, ele é o "gigante em quem todos os nossos ancestrais convergem" ("Vafthruthnismal", 31). Ymir produziu partenogeneticamente outros seres, que se tornaram os primeiros elementais, os jötnar do gelo, conceito que pode refletir uma memória distante do fim da Era Glacial.

Contudo, quando o gelo derreteu, outro ser também emergiu, personificado como a vaca Audhumla, de cujas tetas fluíam quatro rios de leite. A vaca, que parece representar um princípio feminino, alimenta Ymir e, ao lamber as pedras geladas, libera um segundo ser, Buri, que se une a uma descendente de Ymir e torna-se pai de Bor, que foi o pai de Odin, Vili e Vé. Estas personagens, originadas de forças primais, foram os primeiros verdadeiros deuses. Seus nomes expressam os conceitos de percepção extática, vontade e santidade. Com eles, apareceu a consciência, e eles começaram a moldar a substância bruta da criação.

Os filhos de Bor mataram Ymir e levaram o corpo para o centro do Ginungagap, onde começaram a reciclar todas as peças para criar

Midgard — o mundo em que vivemos. Os ossos se transformaram em rochas, a carne virou terra, o sangue se transformou nos mares e assim por diante. Existem outros oito mundos. Niflheim e Muspelheim, é claro, já tinham existência. Só podemos especular sobre as origens dos outros.

Mas de fato sabemos onde estão os outros mundos. Muitas culturas têm mapas daquilo que o escritor Michael Harner chama de "realidade não ordinária", que pode ser exposta sob a forma de uma montanha ou uma árvore. Na tradição nórdica, o cosmos é apresentado na forma de uma Árvore do Mundo, que é o eixo de todos os mundos. Embora ninguém saiba "de que raízes ela nasce" ("Svipsdagsmal", 14) ou quando cairá, é chamada alternadamente de Yggdrasil ou Mimameith e é o centro de tudo. É bem curioso que, segundo o biólogo evolucionista Ben Waggoner, em vez de ser "uma marcha de progresso", o processo da evolução seja mais parecido com o desenvolvimento de uma árvore, sempre crescendo e se ramificando (*Idunna* 58, Inverno, 2003). Desde Charles Darwin os cientistas vêm usando esta metáfora, por isso talvez realmente exista, no fim das contas, uma Árvore do Mundo.

Embora as fontes divirjam sobre exatamente onde todos os "mundos" estão localizados, seus nomes (ou pelo menos os nomes dos locais principais) estão bem atestados. No topo da árvore encontramos Asgard, a morada dos deuses. Abaixo dela, mas ainda próximo, está Ljossalfheim ("morada dos elfos claros"). Quem exatamente são os elfos claros não está de todo esclarecido. Podem ser mortos nobres ou poderes espirituais que não chegam a ser exatamente deuses. Em seguida, no meio da Árvore, encontramos Midgard, que é e não é o mundo que conhecemos. As fontes antigas nos dizem que Muspelheim (morada dos gigantes de fogo) fica no sul. Niflheim ("morada das brumas"), seu oposto, está localizado no norte. Como Thor fala de lutar contra gigantes no leste, parece razoável situar Jötunheim, o lugar onde eles moram, nessa direção. Vanaheim, a morada do Vanir, deveria portanto ficar no oeste, talvez do outro lado do mar. Descendo de Midgard, encontramos Svartalfheim ("morada dos elfos escuros"). Eles podem ser os anões ou uma versão sombria dos seres brilhantes. Mais no fundo ainda, chegamos a Hel, o destino daqueles espíritos que não acabam noutro lugar e, portanto, o lar da maioria de nossos ancestrais. Deve ser observado que Hel não é necessariamente um lugar desconfortável. Baldur, o filho de Odin, está lá, festejando no salão da deusa Hella.

A narrativa do retorno de Baldur faz parte do final da história de Midgard. Exatamente como os povos, dos hindus aos hopis, têm falado de uma sucessão de "Eras da Terra", cada qual terminando com a destruição da vida como a conhecemos, nas *Eddas* ouvimos falar da batalha final do Ragnarök, o "juízo dos deuses". Nessa batalha, os "Filhos de Surt" (os gigantes de fogo) irão à guerra contra os deuses de Asgard, levando com eles, como aliados, todas as outras forças com quem os deuses lutaram no passado. A Ponte Bifrost se romperá. A batalha termina num empate, com os adversários de força equivalente se destruindo um ao outro. No processo, o próprio mundo será destruído.

> O sol escurece, a terra mergulha sob o mar,
> Caem dos céus as estrelas brilhantes.
> Brotam gêiseres fumegantes, e vem o fogo,
> As chamas saltarão altas para os céus. ("Völuspa", 57)

Algumas das outras partes da profecia — quando a vidente descreve o escurecimento do Sol e uma "era do machado, uma era da espada, antes que o mundo caia, uma era do vento, uma era do lobo, nenhum homem poupará outro" ("Völuspa", 45) — soam incomodamente como uma descrição de guerra mundial. Mas esse não é o único meio pelo qual o equilíbrio da vida pode ser transtornado a ponto dos sobreviventes combaterem num mundo agonizante.

Extinções em massa de espécies e mudanças no clima e na ecologia da terra ocorreram várias vezes no passado. Estas mudanças são parte da ordem natural. Numa escala de tempo planetária, nosso atual ecossistema deve durar ainda muitos séculos. Quando seu momento final realmente chegar, só restarão as forças destrutivas da natureza e os deuses, que se tornaram parte da cultura humana, desaparecerão. É nosso trabalho garantir, evitando a guerra nuclear e a degradação ambiental, que o Ragnarök não venha antes da época que lhe está destinada.

Como as mitologias de outras culturas, a do norte profetiza um novo mundo que se seguirá ao velho. Os filhos dos deuses assumirão o comando — Baldur retornará do Hel para governar — e, de sob as folhas da Yggdrasil, vão emergir dois seres, Lif e Lifthrasir, para repovoar a terra. Se serão humanos, como compreendemos a palavra, não sabemos.

Na cosmologia do norte, temos uma série de metáforas que fazem eco à explicação fornecida pela ciência. Temos também o exemplo de deuses que, como nós, sabem que sua existência um dia vai terminar. Ao contrário de nós, porém, eles sabem como e por quem serão abatidos. Pode ser que sejam transformados e reapareçam em outra dimensão. Mas não podemos ter certeza. O que sabemos é que tudo que possamos experimentar em termos de medo ou incerteza eles também conhecem. Alguns tentaram ver nisto um niilismo milenarista, mas, na alegria e coragem com que nossos deuses encaram seus finais, encontraremos ajuda quando chegar a hora de encararmos o nosso.

Wyrd e Orlög

Todos estão familiarizados com a imagem das três feiticeiras, as "irmãs sinistras", pulando em volta do caldeirão, mesmo quem nunca viu o *Macbeth*, de William Shakespeare. Na peça, Macbeth insiste em ouvir a profecia delas mas, como acontece frequentemente, não a compreende, provocando assim sua própria ruína. A questão de saber se a força de vontade pode triunfar sobre o *wyrd*, ou destino, tem sido debatida desde que o primeiro oráculo pronunciou uma profecia.

No mito clássico, os três destinos fiam, medem e cortam a linha que é a vida de um homem. Seus equivalentes do norte são as três Nornes: Urdh, Verdandhi e Skuld, cujos nomes são todos derivados de formas do verbo "ser". A primeira Norne está associada com o "Ur-" ou natureza primal de uma coisa, essa parte do passado que molda o que virá. Verdandhi é a parte "vir-a-ser" da equação, o presente em eterna mudança. Skuld é aquilo que *será* como resultado do que antes foi. No início da ópera *Götterdämmerung*, de Richard Wagner, nós as vemos fiando a linha da vida do mundo. Quando a linha se rompe, elas sabem que o crepúsculo dos deuses chegou.

Uma leitura superficial da sabedoria germânica tradicional poderia sugerir que os guerreiros de tempos antigos eram fatalistas, deitando-se para morrer quando viam seu fim se aproximar. Uma leitura mais atenta, porém, revela uma filosofia muito mais complexa. Para compreender o wyrd, temos de compreender o conceito de *orlög*. Linguisticamente, este termo combina os conceitos de "Ur-", designando alguma coisa primal, uma fonte ou origem, e "camada" ou "lei". Na Völuspa, somos informados de que as Nornes "escolhem a vida", significando que decidem quando e onde a pessoa nascerá, e definem o orlög, as limitações que moldarão essa vida.

Segundo Edred Thorsson, as Nornes definem as "camadas primais". Este conceito se conecta com a imagem das Nornes tirando água do poço na base da Yggdrasil e derramando-a para purificar e nutrir a Árvore do Mundo. As Nornes podem decidir as circunstâncias em que nascemos, assim como o tempo e lugar, e podem definir a família com a herança cultural e genética, mas elas não determinam como nossas vidas terminarão. À medida que vamos passando pela vida, mais camadas vão sendo depositadas por nossas próprias escolhas, interagindo com as escolhas de todos os outros com quem estamos envolvidos.

Podemos visualizar o orlög como uma série de camadas ou como os fios de destino que se conectam para se transformar na teia do wyrd. É por isto que devemos ter tanto cuidado com os juramentos que são feitos na cerimônia de sumbel. A cerimônia é espaço sagrado e o que acontece lá tem um impacto no Outro Mundo assim como neste. Servindo de testemunhas, ligamos nosso próprio wyrd ao da pessoa que faz o juramento.

Existem algumas coisas que não podemos evitar ou alterar. Mas somos responsáveis pelo modo como respondemos a elas. Você pode herdar uma tendência genética para o diabetes, mas é a sua escolha da dieta e estilo de vida que vai determinar se você a desenvolverá ou não. Você pode ter nascido para a pobreza ou riqueza, mas suas próprias ações vão influenciar se acabará a vida rico ou pobre.

A Vida após a Morte

A tradição germânica, assim como as crenças de outros povos, estão continuamente evoluindo e se alterando. Em nenhum lugar isto é tão claro quanto nos relatos do que acontece após a morte. Nas fontes antigas, temos uma variedade de possibilidades, dependendo do tempo, lugar e até mesmo da preferência individual.

A imagem mais familiar do pós-vida nórdico é o Valhala, onde os guerreiros escolhidos pelas valquírias de Odin lutam o dia inteiro e festejam toda a noite. Em teoria, este destino estava reservado àqueles que morriam em batalha, e desses, só aos que eram particularmente corajosos. No Ragnarök, são estes os guerreiros que lutarão ao lado dos deuses. A tradição dá de fato indicações de que o Valhala é mais do que uma morada de velha tropa de elite. Na *Saga dos Volsungs* (cap. 12), o moribundo Sigmund diz "vou ver nossos parentes que passaram antes de mim". Que sua linhagem seja descendente de Odin sugere que certas famílias podem ter uma relação especial com deuses específicos. Contudo, isto pode não ser uma questão de escolha — acreditava-se que o rei Hakon, o Bom, também terminou no Valhala, embora fosse cristão. Num poema chamado "Hakonarmál", ficamos sabendo como as valquírias Gondul e Skogul o levaram para o salão de Odin.

Mas o Valhala não é a única morada divina para onde os mortos podem ir. Snorri Sturlusson nos diz que moças solteiras iam para Gefjon e que metade dos assassinados ia para Freyja. Na *Egilssaga*, a filha de Egil Skallagrimsson diz que festejará no salão de Freyja. Edred Thorsson sugere que amigos particulares dos deuses podem morar com eles no além-túmulo — um homem de Thor em Thruthheim, um homem de Frey em Alfheim e assim por diante.

Mas nem todos os mortos vão para Asgard. Embora Snorri relacione vários "céus", como por exemplo Gimlé, o cenário padrão, por assim dizer, é Hel, que parece ser a residência da maioria dos ancestrais. Devo enfatizar porém que, na tradição pagã, Hel não é quente, nem é um lugar de punição como o inferno cristão. É verdade que Hel inclui uma região chamada Nastrond, onde assassinos e os que quebram juramentos cruzam rios de veneno, mas o salão de Hella, onde mora Baldur, parece um lugar alegre. Hoje, alguns pagãos acreditam que Baldur está reunindo um grupo de guerreiros de elite que voltarão com ele após o Ragnarök. Também sabemos que uma vidente vive num monte tumular perto do portão oriental. A situação do resto dos mortos não está especificada nas fontes antigas, mas videntes contemporâneos encontram-nos em campos ou aldeias, onde alguns estão dispostos a falar com aqueles que chegam procurando sabedoria. Certamente, há episódios nas sagas em que os mortos aparecem aos vivos em sonhos.

Contudo, mesmo Hel não é a única opção. Nas baladas de Helgi, ficamos conhecendo um herói que mora em seu monte tumular ou pode retornar a ele. A prática de enterrar equipamentos caros, comida e outras coisas com os mortos indica uma expectativa de que alguns espíritos permaneçam na vizinhança do túmulo. Na *Eyrbyggjasaga* (cap. 11), Thorolf designa uma colina perto de sua granja como "Helgafell" e declara que quando morrer ficará "na colina". Algum tempo após a morte dele, um serviçal que fazia previsões o vê festejando lá com o filho, Thorstein, que mais tarde ficamos sabendo que se afogou. Também se dizia que alguns dos parentes de Unn, o Determinado, ficavam na terra. Ao que parece, então, alguns espíritos preferiam ficar por perto e velar pelos seus, especialmente quando os descendentes permaneciam na granja da família. E também se devia dizer alguma coisa sobre os que não descansam facilmente em parte alguma. Aqueles que eram particularmente mal-intencionados em vida podem se apegar à terra e perambular como *draugs*, uma espécie de zumbis nórdicos. Precauções especiais têm de ser tomadas para confiná-los ao túmulo.

Na visão nórdica, a morte não é necessariamente uma condição permanente. Acreditava-se que muitos espíritos fortes optam por retornar, frequentemente para reencarnar na linhagem de suas famílias. Acreditava-se que uma série de heróis, chamados de Helgi, reencarnassem uns nos outros juntamente com suas amantes valquírias e o rei Olaf, o cristão, foi extremamente adulado quando seus seguidores especularam que ele poderia ser o ancestral Olaf, o Elfo de Geirstad, voltando. Provavelmente é por isto que na Escandinávia se considera que dá azar batizar uma criança com o nome de um parente vivo. Recente pesquisa de Winifred Hodge Rose sugere que a alma pode ter inúmeras partes, cada uma com uma destinação diferente (*Idunna* 67-9, 2006).

Virtudes da Tradição Nórdica

Os pagãos procuram nas *Eddas* e nas sagas exemplos e indicações de qual deveria ser a visão de mundo do paganismo nórdico e de que princípios éticos nos ajudarão a trabalhar com o wyrd. Embora o estabelecimento de leis ou mandamentos religiosos seja tão estranho à tradição nórdica quanto a qualquer outra forma de crença pagã, nas *Eddas* e nas sagas os pagãos podem encontrar exemplos de como viver. Na década de 80, o Rito Odinista da Inglaterra derivou das fontes antigas um conjunto de parâmetros conhecidos como as Nove Virtudes Nobres, que muitos pagãos julgam úteis sem se sentirem limitados por elas. As Virtudes são: Coragem, Verdade, Honra, Lealdade ("Fidelidade" ou "Compromisso"), Disciplina ("Autocontrole"), Hospitalidade, Eficiência, Autossuficiência (Independência) e Perseverança (Firmeza), às quais alguns adicionam Igualdade, Amizade, Energia, Generosidade, Afinidade e, talvez a mais elevada de todas, Sabedoria. Outros também acrescentam os seis objetivos de Justiça, Sensatez, Vigor, Resultado, Serenidade ("Paz") e Amor.

As cinco primeiras Virtudes trabalham juntas para definir a alma heroica. Começamos com a Bravura ou **Coragem**, um tema familiar na literatura heroica. A palavra traz visões de Beowulf lutando sozinho contra o monstro nas profundezas e voltando em triunfo ou, quando já velho, lançando-se contra o dragão, dando a vida para conquistar a vitória. Mas Gunther e Hagen são igualmente heroicos quando encontram a morte nas mãos dos hunos. Derrotar o inimigo, embora desejável, é menos importante que enfrentar bravamente o desafio. Os adversários que enfrentamos hoje não são tão óbvios, mas a resolução exigida para fazer difíceis opções morais é a mesma. Nossos ancestrais sabiam que, no final, a morte conquista todos. O que importa não é por quanto tempo, mas se vivemos bem ou não.

Viver bravamente requer que valorizemos a segunda Virtude, a **Verdade**. Os maiores heróis veem o mundo claramente. Os orgulhosos relatos feitos no sumbel devem estar baseados nesta clareza ou podem levar ao desastre. Às vezes, temos de falar abertamente e, outras vezes, a verdade exige que guardemos nossa opinião até estarmos certos, mas devemos sempre nos esforçar para sermos, com relação a nós mesmos, o mais honestos possível. Para os pagãos, decidir quando e como contar à família ou aos amigos sobre nossa religião oferece uma oportunidade para exercitar tanto as virtudes da Coragem quanto da Verdade, embora também se precise de discernimento. Honrar a Verdade também implica que deveríamos ser honestos em nossa conduta para com os outros, o que é a base da Virtude seguinte: **Honra**.

Meu avô era conhecido em sua comunidade como um homem honesto. Em outra época, teria sido chamado de honrado — era um homem que sempre tentava fazer o que era certo, um homem para quem a palavra era sua assinatura. Conquistamos honra agindo de forma honrada na expectativa de que os outros ajam da mesma maneira, mesmo quando suspeitamos que ficaremos desapontados. Frequentemente, isto significa seguir as regras, mesmo se elas são inconvenientes, embora possa haver situações em que a honra requer que a pessoa obedeça a uma lei mais alta. A honra é um padrão de medida interno que nos prende a um código de conduta mais severo que quaisquer regras externas. "Reputação" é o que os outros pensam de nós, mas ser admirado não é necessariamente a mesma coisa que manter uma integridade interior.

Um modo de provarmos nossa Honra é através do Compromisso, da boa fé ou **Lealdade**. A maioria só terá encontrado o termo na antiquada cerimônia de casamento, onde ele indica a importância do voto. Empenhar-se e manter-se leal significa que você permanecerá fiel à sua palavra apesar de todos os contratempos, que os outros podem tanto confiar quanto acreditar em você. Lealdade é um termo para os laços sagrados entre as pessoas e para o laço entre nós e nossos deuses. Uma palavra do nórdico antigo para se denominar um deus protetor era *fulltrúi*, ou *fulltrúa*, se fosse uma deusa, significando ser inteiramente confiável. Quando praticamos nossa lealdade, não apenas mantemos a palavra dada a alguém, mas oferecemos ajuda, defesa ou seja o que for que ele ou ela precise.

Não é uma trilha fácil. Segui-la exige a Virtude seguinte: **Autocontrole** ou **Disciplina**. Nas sagas, isso frequentemente envolve manter a calma quando provocado e esperar o momento certo de dar o troco. Mas isso tem implicações mais amplas. A pessoa que pode controlar suas próprias paixões, pode orientar outros, evitar problemas, preservar recursos, fazer e executar planos. A autodisciplina nos possibilita agir de forma corajosa e honrada, mesmo quando estamos com medo de fazer as coisas difíceis e, às vezes, de fazer as escolhas difíceis. Como vimos na discussão sobre o wyrd, nosso destino é moldado por nossas opções e é a disciplina que nos permite fazer boas escolhas.

Se o primeiro grupo de Virtudes se concentra no comportamento individual, as próximas quatro Virtudes dizem respeito ao nosso relacionamento com os outros. A primeira destas, a **Hospitalidade**, é uma das qualidades mais antigas e mais consistentemente homenageadas. Oferecer hospitalidade era tanto uma obrigação quanto um privilégio. Numa época e numa região onde havia poucas estalagens e nenhuma rede de segurança social, a sobrevivência podia depender da generosidade dos que tinham recursos suficientes para oferecer ajuda. Os que tinham prosperado obtinham status compartilhando sua riqueza, que assim circulava por toda a comunidade — a economia "trickle down" original.* Hoje, a rede de relacionamentos na comunidade gentílica é fortalecida quando recebemos bem os que estão viajando. Quando você chega cansado de dirigir, é ótimo ser recebido na porta por uma anfitriã com um chifre de hidromel.

* "Economia do Pinga-Pinga". Uma economia onde os benefícios colhidos pelos mais ricos escorreriam (pingariam) para os mais pobres. (N. do T.)

Para oferecer hospitalidade, a pessoa tem de ter recursos para compartilhar e, para que isso aconteça, tem de estar disposta a empenhar-se no trabalho. Por esta razão, a **Eficiência** vem a seguir na lista das Virtudes. Empenhar-se no trabalho e trabalhar bem é tanto uma velha virtude germânica quanto americana. O conselho de Benjamin Franklin sobre a conquista do êxito combina bem com a orientação dada por Odin no "Havamal": "Raramente um lobo que está deitado consegue o cordeiro ou um homem que dorme a vitória. Quem tem poucos trabalhadores deveria se levantar cedo e ir ele próprio para o trabalho: quem passa a manhã dormindo perderá muito" (58-9). Nem todo trabalho é para riqueza. O trabalho voluntário contribui para a comunidade sem necessariamente fazer dinheiro. Nem você precisa se tornar fanático pelo trabalho. O importante é que o trabalho seja feito de modo confiável e da melhor maneira possível.

Embora vivamos numa comunidade de relacionamentos entrelaçados, também valorizamos a **Autossuficiência**. Na verdade, é preciso uma certa independência de espírito se quisermos fazer a nossa parte. Ser autossuficiente não significa que não precisamos dos outros, mas sim que somos autoconfiantes. Fazemos nossas próprias opções e somos capazes de agir por iniciativa própria. Em termos práticos, essa virtude significa que devemos ser economicamente independentes ou, se mantivermos relacionamentos onde contribuímos de modo não monetário, que devemos ter as qualificações para sustentar a nós e a nossos dependentes se for preciso. A independência tem também uma dimensão moral e espiritual. Embora aprendamos de pessoas mais velhas, de professores e da tradição, espera-se que consigamos pensar com autonomia e tirar nossas próprias conclusões sobre assuntos de fé. Nossa religião não é uma religião de gurus.

No fim da lista de Virtudes principais, encontramos a **Perseverança**. Esta, inclusive, pode ser a virtude mais importante, já que é a qualidade mais necessária se a pessoa quer ter uma relação produtiva com os outros. Ter perseverança é ser resistente, insistir, não largar, manter o curso, cumprir o trabalho. Os guerreiros que viram os dinamarqueses se apoderando do dique na batalha de Maldon eram bravos e leais, mas foi a perseverança que os manteve lutando ao lado do seu senhor, mesmo quando ficou claro que não havia mais esperança. Isto não é uma virtude de ostentação, não é o tipo de coisa que nos vem primeiro à cabeça quando estamos falando de heróis, mas sem ela, poucos heróis durariam tempo suficiente para conquistar o título. Na vida diária, é a qualidade que nos mantém arando os campos, lavando os pratos, pagando as contas e cumprindo todas as outras tarefas intermináveis, exasperantes, que não trazem qualquer glória, mas conservam a família ou a comunidade de pé.

O paganismo nórdico é uma religião que preza a autoconfiança e a responsabilidade pessoal. Os deuses são nossos professores e aliados, não nossos senhores. A compaixão não costuma ser relacionada entre as virtudes pagãs e, no entanto, ela está implícita: temos de tratar os outros com cuidado e justiça para cumprir as responsabilidades que temos com relação a nós mesmos.

CAPÍTULO 11

Questões e Conflitos

Enquanto Karen vai passando o chifre pelo círculo, o grupo ganha uma canção, uma história, o brinde de uma filha para o pai e dois brindes aos deuses. Agora o chifre chega a Barry e a atenção se aguça. Barry tem a reputação de ser uma metralhadora giratória, alguém que acha que um certo conflito mantém as pessoas alertas e se sente feliz por proporcioná-lo. Esta noite, Barry até agora se comportou bem, mas nunca se sabe o que ele vai fazer. Houve muita discussão sobre a conveniência de admiti-lo no grupo, mas Thorolf o considera um desafio.

Barry mostra os dentes num sorriso, sabendo o que eles estão pensando.

— Tenho uma declaração a fazer — anuncia, pegando o chifre.

— Todos vocês sabem que nem sempre dou muita importância aos deuses. Não os incomodo e eles não me incomodam. Não vou me desculpar. Muitos guerreiros vikings costumavam dizer a mesma coisa. Os espíritos da terra, e mesmo os jötnar, são outra coisa. O que acontecia antes é que eles podiam nos esmagar, mas agora nós os estamos destruindo. A terra está sendo ferida e precisamos prestar atenção!

— Bem, minha declaração é que fui aceito num curso de pós-graduação em educação ecológica na universidade e vou começar nesta primavera. — Toma um vigoroso trago do chifre.

— Salve Barry! — Congratulações, misturadas com um alívio discreto, ecoam pela sala e, se Thorolf desconfia que isto vai de alguma forma acabar com o clã preparando um jardim orgânico, era justamente o que ele estava disposto a conseguir deles.

Se os pagãos, em geral, são um grupo de espírito independente, os ligados à tradição nórdica são ainda mais. Qualquer um que tenha participado de uma lista deles na Internet sabe como são amigos de, como podemos dizer..., discussões "animadas". Comece com cinco pessoas falando sobre um determinado tópico e provavelmente você acabará tendo seis opiniões diferentes. Embaixo estão algumas das áreas onde a mais ampla coleção de crenças pode se manifestar.

GPI e Fontes Antigas

O Asatrú, como religião, é ao mesmo tempo velho e novo. Sua validade depende de um firme alicerce nas fontes antigas, significando informação que possa ser comprovada ou convincentemente concluída por hipótese, com base em métodos históricos ou científicos, e por critérios que usem dados de fontes literárias, como as *Eddas* e as sagas, os historiadores antigos e, até certo ponto, o folclore. Fontes secundárias como historiadores contemporâneos e estudiosos são úteis para compreender o material mais antigo. Sempre que disponível, a arqueologia pode também aumentar nossa compreensão.

Mas a maioria das pessoas não encontra grande alimento espiritual num pedaço de ferro enferrujado. Se uma religião deve ganhar vida, novas ideias são necessárias. Em círculos do Asatrú, elas são fornecidas pelo que chamamos "Gnose Pessoal Insubstancial" (GPI), uma intuição, uma percepção contemporânea ou, às vezes, um sonho ou visão que proporciona informação adicional, geralmente não verificável, acerca dos deuses, assim como comidas ou cores favoritas. Se um número razoável de pessoas de diferentes áreas expõe, por conta própria, a mesma ideia, ela pode alcançar o status de tradição moderna. Talvez tenha sido assim que a crença de que Thor tem uma barba ruiva se tornou aceita em tempos antigos.

Um exemplo do presente seria a ideia de que as cores de Frigga são branco e azul-claro. No correr dos anos, pessoas do meu grupo e pagãos de outras partes do país têm visualizado independentemente a deusa nestas cores. Recentemente, um membro do grupo foi contatado por um homem cuja prática básica se dá na tradição da afrodiáspora. Ele tivera a visão de uma mulher de azul-claro e branco, dizendo que seu nome era "algo como Fricca". Tenha a crença de tanta gente conseguido imprimir a ideia no inconsciente coletivo ou tenha Frigga sempre gostado dessas cores, o fato é que agora a deusa certamente parece gostar delas.

Lugares Diferentes, Espaços Diferentes

Uma fonte de variação na prática pagã parece ser a geografia. Na Escandinávia, muitos ásatrúar veem sua prática religiosa como parte, em termos gerais, de uma identidade cultural e, em termos específicos, de uma conexão à terra nativa. Estão reconstruindo uma tradição ancestral da qual são herdeiros. Voltaram-se para os mitos, embora seus pais e professores não acreditassem neles. Alguns podem inclusive já serem chamados pelos nomes dos velhos deuses. Como tribos americanas nativas que baseiam as reivindicações a certos territórios no fato dos ancestrais estarem enterrados lá, eles tiram energia do fato dos antepassados terem reverenciado os espíritos da terra onde viveram e morreram. Quando fui, certa vez, entrevistada por um escritor islandês, a primeira coisa que ele me perguntou foi como conseguíamos cultuar os deuses nórdicos na Califórnia.

Como a maioria dos americanos, eu me mudei muitas vezes e meus pais fizeram o mesmo, portanto isto é um problema sobre o qual pensei bastante. Felizmente, embora islandeses contemporâneos possam ter raízes nativas ancestrais, as sagas fornecem uma grande quantidade de informação sobre como esses ancestrais fizeram sua conexão com a terra quando eles próprios eram recém-chegados. Minha resposta foi que fazemos a mesma coisa que eles fizeram: investigar e sentir os padrões de energia na área, fazendo oferendas para os espíritos da terra e introduzindo nossos próprios deuses.

Os alemães, como os escandinavos, mantêm uma ininterrupta ligação linguística e cultural com suas terras. Contudo, as distorções nazistas desse passado gentílico tornaram, até recentemente, muito difícil para eles reivindicá-lo, e mesmo agora têm de fazê-lo cuidadosamente. Em anos recentes, organizações como a Eldaring desenvolveram uma prática gentílica positiva e começaram a ser aceitas pelas organizações escandinavas. Durante o período das migrações, tribos germânicas se instalaram por toda a Europa, por isso, mesmo naqueles países que falam agora línguas neolatinas, os que vierem a se interessar pelo paganismo podem reivindicar uma conexão tribal.

No Reino Unido, os pagãos têm uma variedade de opções. Descendentes dos anglo-saxões e dos vikings podem reivindicar uma herança germânica, principalmente no sul, leste e extremo norte, onde sítios arqueológicos e nomes de lugares dão testemunho de sua presença na terra. Contudo, as Ilhas Britânicas são também excepcionalmente ricas em ruínas megalíticas de data anterior não só à migração germânica, mas também à migração céltica. Os círculos de pedra e pedras na vertical proporcionam um foco para a ligação com os espíritos da terra, acessível a pagãos de todas as tradições.

Embora em tempos antigos uma prática religiosa concentrada em espíritos locais e ancestrais possa ter sido mais comum, sem dúvida encontramos nas sagas indivíduos conhecidos pela devoção a deuses ou deusas específicos. Esse tipo de relacionamento é frequentemente encontrado entre pagãos ingleses hoje e é ainda mais predominante nos Estados Unidos e no Canadá.

Mesmo dentro dos Estados Unidos, as diferenças ocorrem. Em geral, os pagãos das costas leste e oeste, especialmente de Nova York e San Francisco, são os mais liberais. Os habitantes da Nova Inglaterra têm a reputação de ser independentes e igualitários, enquanto os texanos parecem favorecer mais a hierarquia. O interior no meio-oeste é mais conservador, com uma proporção mais alta de famílias em clãs. Os pagãos no oeste, quer liberais quer conservadores, são muito individualistas.

Religião da Terra

As sagas deixam claro que, nos velhos tempos, as pessoas veneravam uma variedade de seres e trabalhavam com eles, em certos casos ainda mais intimamente do que trabalhavam com os deuses. Tais seres incluíam os wights da terra em que viviam. Como nas culturas mais tradicionais, as crenças politeístas dos povos do norte transformaram-se gradativamente no animismo, uma percepção de que todas as coisas têm espíritos. Viviam num mundo em que havia um ser sobrenatural em cada penhasco e cachoeira, em cada arvoredo e campo.

Assim como o termo japonês *kami* inclui os espíritos de lugares e coisas, no norte qualquer coisa que tenha uma identidade pode ter também um wight residente, de um navio a um celeiro. Os duendes do folclore inglês ou, pela mesma razão, os gnomos domésticos dos livros de Harry Potter são primos da *nisse* norueguesa e da *tomte* sueca, a quem são ainda feitas oferendas de mingau na véspera do Natal. Evidentemente, nem todos os wights são amistosos. Os trolls devem ser temidos, exceto, talvez, quando são cooptados. Em Seattle, um troll de cimento está fixado sob uma extremidade da Ponte Fremont e, quando a Ponte da Baía de San Francisco foi reconstruída após o terremoto de Loma Prieta, trabalhadores da obra fizeram um troll de ferro e colocaram-no dentro de um dos suportes para impedir a ponte de cair outra vez.

A questão de saber que seres eram reverenciados além dos deuses nos traz a discussão sobre se o paganismo deve ser considerado uma religião da Terra. Como definido na Wikipedia, uma enciclopédia básica online, *religião da Terra* é um termo da Nova Era usado principalmente por crentes do neopaganismo e credos similares. É uma expressão guarda-chuva usada para abranger qualquer religião que venere a Terra, a Natureza ou os deuses da fertilidade, assim como as várias formas de culto da Deusa. Alguns veem uma conexão entre culto da Terra e a teoria de Gaia (www.wikipedia.org/wiki/Earth_religion). Em atividades envolvendo pessoas de diferentes credos religiosos, pode ser usado como um termo que inclui tanto religiões nativas quanto religiões tribais e tradições neopagãs ou reconstrucionistas. Em minha definição, religião da

Terra é aquela em que os aderentes reconhecem que, para sobreviverem, dependem da teia da vida deste planeta e agem de acordo com isso.

Para alguém criado numa cultura tradicional, seja na Europa antiga ou na África contemporânea, o termo não teria sentido. Nesses ambientes, o poder da Natureza e a importância para a sobrevivência de viver em harmonia com forças naturais é óbvia demais para precisar de um nome. Deve-se admitir que o sucesso de um tal estilo de vida varia em função dos recursos do ambiente e do conhecimento da cultura. Culturas antigas, da Grécia à Islândia, eram tão capazes de prejudicar seus ecossistemas quanto são as modernas — a única diferença é que hoje podemos fazer a coisa de forma muito mais rápida e completa. A ciência ambiental, por outro lado, nos dá as ferramentas para compreender o que aconteceu, por que aconteceu e, às vezes, o que podemos fazer a esse respeito.

Na comunidade pagã mais abrangente, o termo "religião da Terra" frequentemente parece ser aceito sem exame. Muitos pagãos fazem esforços decididos para manter um estilo de vida ecologicamente responsável. A maioria tenta pelo menos reciclar, mas alguns parecem achar que reverenciar a Terra num ritual sazonal os isenta de ter de fazer sacrifícios para preservá-la. Ao reconstruir práticas tradicionais, os pagãos devem não apenas decidir o que pretendem com relação a nossos ancestrais, mas também qual deles podemos e devemos introduzir no mundo moderno. Para os que não vivem mais num contato íntimo e diário com a Natureza, é fácil ignorar o fato de que tudo que usamos veio de algum lugar, mesmo que só nos alcance após passar por vários níveis de processamento. Mas como agora é preciso um esforço consciente para venerar o espírito em todas as coisas, temos a oportunidade de fazê-lo de modo realmente atento.

O que a tradição nórdica tem a nos ensinar sobre nosso relacionamento com a Terra? Como outros pagãos, muitos praticantes do Asatrú acreditam num universo animado — a ideia de que tudo, de pedras a estrelas, tem espírito. Até o dia de hoje, os islandeses farão o traçado de suas estradas evitando mexer em rochas conhecidas como habitação dos alfar. Todos os povos germânicos reverenciavam árvores e lagos sagrados.

Embora a maioria dos pagãos norte-americanos concentre sua prática religiosa nos deuses e deusas, a ecologia espiritual do mundo do norte incluía um amplo espectro de seres espirituais e embora, como vimos mais acima, alguns deles, como a nisse, a tomte ou os duendes, estivessem envolvidos com atividades humanas, a maioria era formada por espíritos do mundo natural, que são os grandes poderes elementais. As grandes forças da Natureza, os jötnar (gigantes), governam os lugares selvagens e os elementos, como as montanhas e as geleiras, o vento e o mar. Nos mitos, eles são a primeira geração de seres de quem brotam os deuses e onde os deuses procuram noivas. Perigosos e poderosos, têm a capacidade de mudar de forma e são fontes de sabedoria.

Se são bons ou maus, depende do contexto. Para os que estão diretamente em seu caminho, o furacão é um desastre; mais no interior, porém, suas tempestades podem trazer a chuva tão necessária. Hoje, somos mais propensos a ver os jötnar em desastres nos quais as forças da Natureza estão fora de equilíbrio. Pescadores do Oceano Índico sentiram uma energia maligna na tsunâmi que se aproximava. Os que viram a tempestade de fogo em Oakland Hills puderam sentir a gula voraz dos Filhos de Surt quando as chamas desceram pelas colinas. Alguns acreditam que a batalha mítica do Ragnarök terá lugar no final de nossa Era, quando o atual ecossistema ficar tão desequilibrado que só sobrarão os jötnar destrutivos. Só podemos torcer para que a atividade humana não acabe com este equilíbrio antes que ele cumpra o tempo que lhe foi destinado.

Nas *Eddas* e sagas, temos histórias em que os deuses interagem com seres humanos e histórias em que interagem com os gigantes, mas nenhuma história em que os gigantes interajam diretamente com os humanos a menos que, como Skadhi, tenham sido trazidos ao mundo dos deuses por casamento. Os deuses servem de mediadores entre nós e os gigantes, mas os humanos podem trabalhar diretamente com os *vaettir*, os seres que estão ligados a campo e arvoredo, colina e cachoeira, para garantir sorte na caça ou pesca e a fertilidade da terra. Como em outros lugares da Europa, na Islândia a crença nestes seres persistiu mesmo após a conversão ao cristianismo. Eles se tornaram a população de elfos menores e fadas e eram homenageados com oferendas, como são ainda hoje.

Os próprios deuses estavam envolvidos com a fertilidade da terra. Embora o Vanir — Frey e Freyja, o pai deles Njord e a (provável) mãe, Nerthus — inclua as divindades mais obviamente associadas à produtividade do oceano, pasto e campo, Thor, o filho de Odin com Jord, a giganta da Terra, traz a chuva ou afasta as tempestades, e Wotan, no continente, era invocado na época da colheita. Enquanto Njord parece ter sido um deus das riquezas tiradas do mar, Nerthus, que conhecemos de fontes muito mais antigas do período romano, era uma deusa que abençoava os campos. Temos, além disso, algumas preces e encantamentos do inglês arcaico que tratam a Terra como uma divindade.

A prece de um antigo herbanário inglês começa: "Sagrada terra deusa, fonte de todas as coisas da natureza, que todas as coisas geraste e que regeneraste o planeta que só tu mostras ao povo" (Harley 1585, 24, em A. Storms [1974], p. 312). Outros encantamentos do inglês arcaico invocam a Terra em conjunto com o céu. Seja como for que se interprete o "Erce, eorthan modor" do feitiço Aecer-blôt, a invocação que se segue é certamente dirigida à terra e, quando o primeiro sulco é rasgado, o lavrador diz:

> *Hal wes ôu, folde, fira modor,*
> Salve a ti, terra, mãe dos homens
> *beo du growende on Godes fæôme,*
> Sejas fértil na proteção de Deus,
> *fodre gefylled firum to nytte.*
> de comida cheia em proveito dos homens.
> (Cotton Caligula A VIIs.17;6a-178a; em A. Storms [1974], p. 177)

Mesmo numa época em que era proibido recorrer a Thor ou Odin, a igreja não poderia impedir o lavrador de invocar a Mãe Terra em busca do pão.

Uma das poucas preces formais que sobreviveram do período viking é encontrada na "Balada de Sigdrifa", da *Antiga Edda* (uma das fontes em que Wagner se inspirou para suas óperas do *Anel*). Depois de ser despertada por Sigfrid, a Valquíria cumprimenta o mundo saudando o dia e a noite, deusas e deuses, e a "terra sagrada que dá a todos" ("Sigdrifumál", 2). Esta reverência pela terra sagrada, ela que "dá a todos", certamente qualifica o paganismo nórdico como uma religião da Terra.

Etnicidade e Cultura

Além de diferirem em estrutura organizacional e foco cultural, os grupos pagãos contemporâneos podem também variar de restritivos a inclusivos em sua atitude para com o vínculo entre fé religiosa e identidade étnica. Aqueles que acreditam que tornar-se pagão é retornar à fé dos ancestrais, e na qual só aqueles que têm ancestrais germânicos deveriam estar interessados, são rotulados "étnicos" ["folkish"], enquanto os que acham que a religião deveria ser aberta a todos que são chamados pelos deuses germânicos são chamados de "universalistas". Outra definição considera "universalistas" os que são inclusivos a ponto de desenvolver um sincretismo cultural e chama de "tribalistas" os que têm uma postura e um foco concentrados na cultura germânica, mesmo que não se preocupem com a herança étnica dos que a estão praticando. O gentilismo não é a única ramificação do paganismo a ser desafiada por um conflito inerente — a Wicca tem de lidar com a tensão potencial entre uma crença na igualdade de gênero e uma teologia baseada numa polaridade sexual. Para os pagãos gentílicos, a questão é como reconstruir, sem racismo, uma religião baseada numa cultura norte-europeia.

Em qualquer religião derivada de uma só cultura, pode surgir a questão da relação entre cultura, etnicidade e fé. Ao contrário de religiões missionárias como o cristianismo, o islã e algumas seitas do budismo, as tradições pagãs não saem à procura de convertidos, nem acreditam que sua fé deva ser praticada por todos. Originalmente, como o judaísmo, as tradições pagãs pertenciam a tribos e culturas específicas, e a pessoa se incorporava a elas ao ser criada na religião ou nela admitida. O cristianismo tornou-se uma religião universal porque os pagãos deixaram suas religiões nativas ou foram convertidos à força. Logicamente, pessoas nascidas numa religião missionária devem ter o direito a uma reconversão.

Mas a que tradição pagã deveriam elas retornar? Alguns procuram a religião de seus ancestrais. Esta é a opção feita por muitos americanos nativos que estão tentando recuperar sua cultura. Na Grécia, os reconstrucionistas helênicos estão fazendo o mesmo e enfrentam a oposição da igreja ortodoxa grega, cujos líderes sabem que os deuses do Olimpo continuam encravados na psique grega e temem seu poder. Na Escandinávia, as divindades do Aesir são parte da herança cultural e são reclamadas juntamente com costumes nativos. Na Dinamarca, o paganismo é chamado de *Forn Sed* (Costumes Antigos).

Na Escandinávia, onde os imigrantes representam uma percentagem relativamente pequena da população, é provável que poucos que não sejam etnicamente europeus procurem filiação a um clã Asatrú, nem ninguém vai acusar aqueles cujos pais e avôs lutaram contra os nazistas de estarem tentando se tornar uma super-raça. Na Alemanha, onde a redescoberta da herança cultural nativa alimentou um nacionalismo emergente que foi distorcido e levado a um desenvolvimento tão maléfico pelo nacional-socialismo, a questão é de fundamental importância. Na América do Norte, cuja população continua a aumentar com sucessivas ondas de imigrantes, muitos dos quais não europeus, ela também apresenta um desafio contínuo.

Mas as divindades do Olimpo são também cultuadas por muitos na Europa e na América do Norte e o Aesir e o Vanir parecem migrar com muita satisfação para locais jamais mencionados no saber antigo. Assim como os nórdicos do oeste levaram os deuses com eles para a Islândia, nós os levamos para o Novo Mundo. Muitos pagãos contemporâneos são atraídos para a religião porque têm ancestrais da Inglaterra, Escandinávia ou Alemanha. Quem dentre nós tem invejado a identidade tribal dos americanos nativos acha muito recompensador explorar nossas raízes nativas europeias. Contudo, entre os séculos IV e XI, os povos germânicos passaram da Groenlândia para a África do Norte. Mais tarde, seus descendentes se espalharam de um extremo a outro das Américas. Se a hereditariedade germânica é necessária para fazer uma conexão com os deuses do gentilismo nórdico, nos dias de hoje quase todos, independentemente da aparência física, podem possuir os genes requeridos.

Tem havido muita discussão na comunidade gentílica sobre o vínculo entre genética e religião. Meu ponto de vista é que a linguagem e a cultura têm uma influência muito maior sobre as afinidades religiosas das pessoas do que a genealogia. Estudos genéticos na Europa parecem indicar que os indo-europeus não chegaram em número suficiente para fazer muita diferença na constituição física da população. O que mudou foi a cultura.

Se a cultura do anfitrião é forte, como na Gália romana, ela pode absorver invasores como os francos e, mais tarde, os normandos, tanto cultural quanto linguisticamente. Nos Estados Unidos, uma sucessão de grupos étnicos imigrantes foram absorvidos pela caldeira da América, progredindo do gueto à vizinhança, e daí à assimilação. Algumas famílias têm se esforçado para preservar elementos de sua cultura nativa, enquanto outras não (o grau em que uma cultura é conservada depende com frequência dela ter ou não, numa determinada área, membros em número suficiente para formar uma comunidade) e dentro de três gerações seus filhos serão capazes de se misturarem com a corrente americana dominante.

A língua inglesa e a estrutura política democrática provaram ser bem-sucedidas na aldeia global, que tornou disponíveis, de um extremo a outro do mundo, elementos de todas as culturas contemporâneas. Algumas das tensões atuais no Oriente Médio são provocadas por medos locais de que a cultura global substitua a cultura nativa. Uma tal disponibilidade, então, pode ser vista como uma ameaça ou uma oportunidade. Escolher um novo caminho requer que a pessoa assuma responsabilidades por suas ações de um modo muito mais intenso do que se ela se mantivesse fechada na segurança de sua cultura de origem.

Atribuo a atual acessibilidade dos deuses germânicos no mundo de fala inglesa à herança cultural. Eles vivem nos nomes que usamos para os dias da semana e nas estruturas básicas de nossas instituições e cultura. Uma maioria dos que têm sido atraídos para a religião germânica são de descendência europeia. Naturalmente isso também se aplica a outras tradições religiosas pagãs, como a Wicca. Desconfio que o fato se deve antes a razões de cultura que de etnicidade — a crescente popularidade de movimentos religiosos "alternativos" ou "novos" parece representar um desencanto com a cultura dominante WASP.* Assim, americanos asiáticos ou africanos podem também se ver atraídos para religiões pagãs. Assim como não índios que adotam entusiasticamente a cultura americana nativa podem ser aceitos por algumas tribos, membros de outras raças que são chamados pelos deuses do norte podem ser bem-vindos em alguns clãs pagãos, enquanto outros os recusam.

Acredito que uma cultura da diversidade oferece muitas opções, incluindo a opção de selecionar o melhor de uma cultura mais antiga e reinterpretá-lo de forma a que venha funcionar num novo ambiente. Isto é o que os pagãos que seguem as trilhas reconstrucionistas gentílicas estão fazendo hoje. Passei a acreditar que, em termos de religião, a configuração de nossos corpos é muito menos importante que a de nossas mentes e almas. Quando encontro alguém que lê os mesmos livros, pratica os mesmos ritos e venera os deuses como eu, é o encontro das mentes que me faz reconhecer a pessoa como aparentada. Muitas trilhas levam ao Caminho do Norte e os deuses conhecem os seus.

Asatrú e Wicca

Quando alguém começa a procurar uma alternativa para o monoteísmo, a Wicca é com frequência a primeira tradição pagã que encontra. Como a Wicca é a forma mais conhecida do politeísmo europeu, e certamente tem recebido a maior quantidade de publicidade (nem sempre exata), parece prudente oferecer uma rápida comparação das duas tradições. Tenha em mente, contudo, que existem muitas variedades tanto de Wicca quanto de religião gentílica, portanto nem tudo dito aqui será universalmente aplicável.

A maior diferença entre Wicca e Asatrú é que, enquanto os ritos wiccanos podem invocar divindades de várias culturas, os gentílicos se

* Branca, Anglo-Saxã, Protestante (White, Anglo-Saxon, Protestant). Própria dos americanos de origem europeia, especialmente os de ascendência britânica e formação protestante. (N. do T.)

fixam nos deuses e deusas das terras germânicas. Além disso, enquanto a Wicca costuma ser duoteísta e arquetípica, vendo todas as divindades femininas como aspectos da Grande Deusa (dividida nos arquétipos da Donzela, Mãe e Anciã) e todas as divindades masculinas como aspectos do Deus Chifrudo (quando o princípio masculino é pelo menos reconhecido), o gentilismo é mais francamente politeísta, cultuando uma série de deuses e deusas que vêm todos da mesma cultura, são iguais em status, se não em popularidade, e podem se manter sozinhos, sem necessidade de um complemento masculino ou feminino.

Na Wicca, os espíritos da natureza são organizados conforme os quatro elementos de terra, ar, fogo e água. A cosmologia gentílica apresenta fogo e gelo como princípios opostos. Os gigantes e wights menores são agrupados antes pela localização e função — gigante congelado, wight do celeiro e assim por diante — que pelo elemento. Ocasionalmente, os quatro anões que sustentam Midgard nas quatro direções podem ser invocados como parte de um culto, mas invocações de elementais não são um componente padrão da norma.

À medida que mais pessoas vão se interessando pelo paganismo em geral, e pela Wicca em particular, esta vai desenvolvendo covens wiccanos tradicionais, laicos, com grupos fechados e íntimos, cujo propósito é desenvolver seus membros espiritual e magicamente, através de uma série de iniciações. Todos acabam se tornando uma sacerdotisa ou sacerdote. Ao contrário, a maioria dos clãs gentílicos toma por base uma família ou a vida doméstica. Alguns membros podem se especializar em magia popular germânica, enquanto outros viram especialistas em preparação de cerveja, entalhes em madeira ou outras habilidades necessárias ao grupo, mas o objetivo do grupo é proporcionar comunhão espiritual. O clã pode oferecer ritos de passagem, mas eles tendem a assinalar mudanças de vida em vez de realizações mágicas. Só um ou dois membros estudam para se tornarem clérigos, desde que o clã, é claro, tenha um clero oficial.

Também tende a haver diferenças consideráveis em estilo de ritual. A prática wiccana descende em parte da magia cerimonial medieval e, com frequência, seus ritos são também trabalhos mágicos. Por esta razão, a maioria das cerimônias inclui uma preparação um tanto elaborada e proteção para o círculo que pode, em casos extremos, tomar mais tempo que o trabalho que ele guarda. Mesmo nas tradições wiccanas ecléticas e cheias de improviso, a estrutura básica está geralmente lá. Os ritos gentílicos são modelados por práticas coletivas tradicionais, que em geral são muito menos formais. A principal exceção diria respeito a certos ritos mágicos, como os trabalhos com runas e o seidhr (ver Capítulo 12).

A Wicca, em especial as variedades que procedem da tradição gardneriana, observa um ciclo estrito de cerimônias, consistindo de "esbats" regulares, realizados na lua cheia, e "sabbats" sazonais, assinalando os solstícios, os equinócios e os picos do outono e da primavera. Os últimos são geralmente celebrados com mistérios teatrais ilustrando o mito da estação. Embora estas peças, baseadas na tradição, sejam às vezes apresentadas em rituais gentílicos, e grandes festas marquem a virada das estações, a ligação é vaga.

Onde o gentilismo tende a ser muito mais formal e preciso que a Wicca é na sua relação com a tradição. Isto acontece em parte porque, na tradição germânica, *temos* um grande corpo de conhecimento com o qual trabalhar, enquanto a Wicca é essencialmente uma tradição moderna (embora muito bem-sucedida — ver *Triumph of the Moon*, de Ronald Hutton, para uma história de sua evolução). As pessoas se referem com frequência ao Asatrú como "a religião com dever de casa" e os aderentes são encorajados a ler as fontes primárias, assim como as obras eruditas que as discutem e debatem seu significado, em vez de aceitar a interpretação dada por outros. Embora percepções e intuições pessoais sejam consideradas úteis, não são recebidas como definitivas. Se um mito ou interpretação modernos do saber tradicional não se ajusta aos fatos históricos (onde possam ser demonstrados), eles não serão aceitos, independentemente do quanto possam ser úteis. Muitos pagãos estudam o nórdico antigo ou o anglo-saxão para poder examinar as fontes em seus idiomas originais.

Outra diferença entre o gentilismo e a Wicca é o modo como princípios éticos são articulados. Enquanto a Wicca tem um simples Conselho

— "Desde que não prejudique ninguém, faça o que quiser" — e a lei do retorno triplo (o que você fizer voltará triplicado), os gentílicos, na maioria das vezes, se mantêm fiéis às Nove Virtudes Nobres (ver Capítulo 10). Enquanto a Wicca tem uma simples declaração do que não deve ser feito, o gentilismo oferece uma afirmação mais elaborada do que se *deve* fazer.

Embora ambas as tradições atraiam pessoas de um amplo leque de crenças e culturas, os wiccanos, como grupo, tendem a ser mais liberais politicamente, até mesmo contraculturais, e mais tolerantes em termos sociais e sexuais do que os gentílicos, exceto na Islândia, onde o Asatrú está associado à esquerda política. Embora existam muitos liberais gentílicos, e em vários pontos o espectro gentílico se funda com o gótico, o biker e comunidades de magia cerimonial, o grupo gentílico médio está mais alinhado com a classe média americana, com forte ênfase em valores de família, e muitos gentílicos são conservadores, tanto política quanto socialmente. No fundo, o gentilismo contemporâneo exibe bastante a mesma amplitude de opiniões que hoje encontramos nos Estados Unidos. Até agora, uma devoção compartilhada para com a religião tem capacitado liberais e conservadores a trabalharem juntos — espera-se que este êxito possa ser tomado como um bom presságio para a sobrevivência do país e do mundo a que pertencemos.

Quase todas as cerimônias wiccanas incluem um traçado de círculo, uma chamada dos guardiões dos pontos cardeais e a invocação de uma deusa (e deus). Grupos gentílicos podem consagrar o espaço de alguma forma, mas nem todos se preocupam com isso. Como os wiccanos mantêm considerável liberdade de movimento com relação aos deuses e deusas que invocam, um *coven* tem a possibilidade de conservar um estilo ritual wiccano ao mesmo tempo que se concentra nos deuses nórdicos, embora as deusas certamente resistam a serem encaixadas nos tradicionais compartimentos de Donzela, Mãe e Anciã. Alguns pagãos denigrem essas práticas como "wiccatru". Duvido que os deuses se importem com o estilo em que são cultuados, embora eu acredite que eles possam ser mais completamente compreendidos, e percebidos de forma mais clara, quando reverenciados num contexto cultural germânico.

CAPÍTULO 12

Da Lareira ao Templo: Organizações Gentílicas

Karen quase chegou ao final do círculo. Dá o chifre a um cara de meia-idade, magro mas forte, com cabelo grisalho puxado para trás num rabo de cavalo. Ele atende pelo nome de Sven, o Machado, e maneja o chifre como um velho amigo.

— Na primeira volta, saudamos muita gente de nossa história — ele começa. — Eu mesmo atravessei uma boa parte dela. Lembro de quando ninguém seria capaz de imaginar uma reunião como esta, muito menos pensar em organizar uma. Sou um seguidor dos velhos deuses desde os anos sessenta e tenho visto nossa história ser feita. Conheci uma porção dos Grandes Nomes da comunidade gentílica... Thorsson, McNallen e os outros. Mas vocês sabem, não são as pessoas que escrevem sobre a religião que fazem a diferença, mas as pessoas que a vivem... É todo esse pessoal pagão, gente como vocês, que tornam nossa religião viva. — Ele faz uma pausa e tosse, sem dúvida meio espantado com o que disse.

— Meu brinde é para o Clã Martelo do Corvo e para Thorolf e Janet, que nos receberam em sua casa, nos alimentaram e nos ouviram pacientemente por tanto tempo!

— Salve Thorolf! — As pessoas ficam de pé com o grito. — Salve Janet!

— Para sempre Martelos do Corvo! — As mesas retumbam quando canecões de ferro e cabos de facas bradam aprovação.

Dos Lobos Solitários às Mães da Toca

Quando me deparei pela primeira vez com o Asatrú, na década de 60, o seguidor típico dos deuses nórdicos era um jovem solteiro cujas ideias sobre a religião teriam sido formadas, ao menos em parte, pela leitura de *Conan* e *O Senhor dos Anéis*. Ele era atraído pelo ideal heroico e geralmente tinha uma espada pendurada na parede. Admito que o fato da maioria dos rapazes que eu conhecia estar na Sociedade para o Anacronismo Criativo pode ter tido alguma coisa a ver com esta percepção, mas Stephen McNallen, fundador da Assembleia Folk Asatrú, disse que também foi levado à descoberta dos deuses nórdicos por livros e filmes. Esse estereótipo do seguidor do paganismo nórdico como uma espécie de superguerreiro é comum até os dias de hoje na comunidade pagã mais ampla.

Finalmente, porém, os rapazes começaram a encontrar parceiras, a se acomodar e o gentilismo se tornou uma comunidade de famílias. Durante os últimos quarenta anos, um número crescente de mulheres passou a se interessar pelo Asatrú. A sacerdotisa Prudence relata que, nos primeiros tempos, quando ela e a amiga Pasha apareciam numa reunião, todos aplaudiam porque havia "tantas mulheres". Hoje, embora o Asatrú possa ter uma atitude mais positiva para com a energia masculina e o espírito guerreiro do que outras tradições pagãs, os clãs são fortes apoios de famílias e de valores familiares, e as mulheres estão assumindo papéis de liderança. Na Troth, a organização que conheço melhor, dois dos seis presidentes foram mulheres, e homens e mulheres estão representados em pé de igualdade na junta diretora.

As outras grandes alterações foram a mudança de prática solo para prática de grupo, ou de famílias para clãs. Este termo, que foi popularizado na década de 70 pela Livre Assembleia Asatrú, tornou-se a palavra mais frequentemente usada para designar o equivalente gentílico de um coven. Nos tempos antigos, a maior parte da prática religiosa pagã estava centrada no lar. Isto continua sendo verdade hoje. Muitas festas são comemoradas com a família imediata e para ela. Contudo, assim como nos tempos antigos o lar incluía aqueles que trabalhavam na terra, parentes distantes que precisavam de uma morada e, às vezes, um ou dois forasteiros de outro país precisando de um lugar para se hospedar no inverno, os membros da família que hoje se reúnem ao redor do fogo podem formar um "clã de intenção", ligado não por sangue, mas por crença.

Alguns grupos, retornando ao círculo doméstico como o foco antigo da prática religiosa, podem chamar-se *hearths* [gente da lareira]. Na Troth, um grupo conduzido por um *godman* ou *godwoman* (clero da Troth) é um *garth* [cercado], referência ao espaço seguro guardado pelos muros de uma granja viking. Uma construção dedicada ao culto Asatrú pode ser chamada de templo ou *hof*. Como outros pagãos, a maioria dos grupos gentílicos se encontra nas salas das pessoas; nos Estados Unidos, contudo, vários *hofs* foram construídos em propriedades particulares.

Provavelmente ainda se pode dizer que a maioria dos clãs são independentes, mas cresce o número de grupos e indivíduos que passaram a julgar vantajoso associar-se a uma organização mais vasta. Para juntar-se a algumas destas organizações, como a Aliança Asatrú, a pessoa tem de ser membro de um clã afiliado. Outras só aceitam membros individuais. Outras ainda, como a Troth, definem a filiação em termos individuais, mas mantêm uma lista de clãs conduzidos por membros. A Troth tem também comissários regionais, que fornecem informação e ajudam a trabalhar a rede.

Mesmo o cristianismo, com o ideal de uma única igreja santificada, com um único ritual e credo, originou muitas interpretações de sua doutrina e variações de prática religiosa. As religiões pagãs exibem uma variedade ainda maior. Assim como nos tempos antigos, cada região — às vezes cada família — praticava sua própria versão da religião ancestral, pode-se hoje encontrar muita diversidade de foco e prática entre os grupos gentílicos. O que todos eles compartilham é uma crença nas deusas e deuses germânicos.

Estilos Organizativos

Muitos clãs gentílicos consistem de uma família nuclear e um ou dois amigos, sem absolutamente qualquer organização formal. Onde há líderes vigorosos e há espaço disponível para reuniões, um grupo pode chegar a trinta ou mais pessoas. Muito poucos grupos têm sido capazes de reservar uma construção especial para servir de templo (o equivalente a um prédio da igreja). O tamanho médio de um clã parece girar em torno de doze ou quinze pessoas. Em geral, quanto maior o grupo, maior a estrutura requerida. Alguns se mantêm informais e abertos, enquanto outros têm uma hierarquia estrita, com procedimentos formais para a entrada de novos membros. Os grupos também variam em termos de exclusividade. Para alguns, outras filiações são irrelevantes, desde que sejam deixadas na porta, enquanto outros clãs exigem que um membro pertença unicamente àquele grupo.

Um clã do Asatrú pode incluir qualquer coisa, de uma simples família a uma comunidade de várias dezenas de pessoas conduzida por um godhi (sacerdote) e/ou uma gythia (sacerdotisa). Pode estar limitado aos membros de uma única família ou recrutar gente de toda uma região. A liderança pode ser eletiva ou rotativa entre os membros e alguns clãs não têm liderança formal; é, no entanto, mais frequente que o godhi ou a gythia sejam as pessoas que tiveram a energia e a inspiração necessárias para fundar o grupo e tocá-lo para a frente. Geralmente um godhi dará primeiro início a um clã e, mais tarde, procurará treinamento clerical formal numa organização como a Troth.

A maior parte dos grupos são autônomos com relação à estrutura e prática internas, embora os rituais possam ser compartilhados entre grupos nas tradições emergentes. Em regiões com uma densa população de gentílicos, os clãs podem se dividir em grupos que permanecem aliados; os clãs de uma determinada área podem cooperar na organização de festivais. Contudo, mesmo aqueles grupos que preferem participar de uma organização nacional como a Aliança Asatrú, ou entrar para a lista da Troth, preservam sua independência.

Muitos clãs proporcionam um ritual equivalente a uma iniciação wiccana, mas nem todos sentem essa necessidade. Em certos clãs, os membros têm de renunciar à prática de outras tradições, enquanto em outros é aceita a múltipla filiação. A maioria dos grupos está familiarizado com as Nove Virtudes Nobres (ver Capítulo 10) e as respeitam, mas nem todos trabalham com uma declaração formal de crença.

Os clãs do Asatrú se reúnem, geralmente nos finais de semana, para comemorar festas sazonais ou realizar blots (rituais com um propósito específico) ou sumbels (rituais reverenciando deuses, heróis e ancestrais), como descrito no Capítulo 8. A maioria dos clãs observa as Noites de Inverno (uma festa no início do inverno que homenageia os ancestrais), o Yule, a primavera e as festas do meio do verão mencionadas nas sagas. Outros blots e dias que celebram memórias estão relacionados nos calendários religiosos desenvolvidos por organizações como o Rito Odinista e a Assembleia Folk Asatrú, mas não são universalmente observados. Muitos clãs também patrocinam cursos regulares e grupos de estudo sobre mitologia e artesanato nórdicos, runas e outros aspectos da cultura.

Tradições

Como foi sugerido anteriormente, os pagãos europeus tendem a basear sua prática nas tradições culturais de suas próprias terras. Na América do Norte, contudo, as opções são mais abertas. Como a maioria da informação remanescente vem das *Eddas* e das sagas em nórdico antigo, a maioria dos clãs Asatrú baseia sua prática primariamente neste saber tradicional, chamam os deuses por seus nomes em nórdico antigo, usam a terminologia do nórdico antigo no ritual e concentram-se nas versões dos mitos vinculadas à Escandinávia. Um dos primeiros líderes a utilizar esta abordagem foi Stephen McNallen (ver a discussão na AFA mais para o final deste capítulo), cujos rituais estiveram entre os primeiros a serem publicados e tiveram grande influência sobre os que vieram depois. Mais recentemente, emergiu um segundo estilo de prática pagã, chamado teodismo, baseado nas tradições dos anglo-saxões e outras tribos da Europa continental. Foi iniciado por Garman Lord.

Embora existam clãs tribalmente concentrados que não se definem como teodistas, a crença teodista desenvolvida por Lord, na década de 70, como uma tradição retropagã concentrada no costume anglo-saxão é a influência dominante. Seu livro, *The Way of the Heathen*, inspirou a formação de muitos "aetts" do Grande Teodismo, além do próprio grupo de Lord, o Winland Rice (reino). De uma simples organização baseada na velha cultura e estrutura social inglesas, o Winland se transformou numa constelação de grupos tribalmente organizados, concentrados nas culturas tribais dos normandos, dos frísios, dos anglos, dos saxões, dos habitantes da Jutlândia, dos godos, germânicos, suecos e dinamarqueses.

O paganismo teodista tende a ser mais formal que o Asatrú, tanto em organização quanto em filosofia. Os membros estão ligados por uma rede de juramentos mútuos e, à medida que aprendem mais e assumem mais responsabilidades, podem conseguir chegar ao topo através de várias fileiras da hierarquia. Líderes de grupos mais novos podem manter um relacionamento feudal com líderes de grupos mais antigos.

Segundo o presbítero Dan O'Halloran, líder do Normanii Reik,

> Entre a Alta comunidade Teodista, a filosofia religiosa teodista pode ser descrita como três conjuntos de forças entrelaçadas: A) As Forças Votivas — Realeza Sacra, Afinidade Teodista, Teia de Fé e Juramentos, culto dos Deuses e Ancestrais Germânicos; B) As Forças Criteriais — Vida como um processo de Provação, Atribuição de Mérito, Devir no Contexto das Três Conquistas — Sabedoria, Generosidade e Honra; e C) As Forças Existenciais — Liberdade de Consciência, Justa Boa Vontade, Sã Soberania. Esses Três Anéis de Força [o "TRT"*] são o que mantém unidos os teodistas e tornam possível o construto teológico do teodismo. Cada uma das forças se entrelaça e é codependente; são na mesma medida situacionais e dependentes do contexto. (Comunicação pessoal)

* Conforme a expressão em inglês: Three Rings of Thew. (N. do T.)

Procurando um Clã

Quando as pessoas descobrem o Asatrú, ficam com frequência convencidas de que são as únicas pagãs da cidade. Há inúmeros meios de alterar essa situação. O mais fácil é associar-se a uma organização nacional, especialmente se ela tem representantes ou seções regionais. Você descobrirá uma lista desses grupos mais para o final do capítulo. Os pagãos também se encontram através de listas da Internet mantidas por organizações ou grupos especialmente interessados. Festivais e conferências pagãs nacionais ou regionais, como o Starwood em Nova York e o Pantheacon na Califórnia, incluem eventos pagãos em seus programas. Se você não conseguir encontrar um clã ativo na sua região, talvez venha a deparar com outras pessoas que estão buscando a mesma coisa que você, gente que gostaria de formar um clã.

Pelo menos a princípio, talvez você tenha de se dispor a viajar distâncias consideráveis para interagir com outros pagãos. Algumas pessoas só fazem isso na assembleia ou festival anual. Contudo, você pode também fazer uma tentativa de recrutar pessoas. Uma saída é começar formando um "Grupo de Estudo da Mitologia Nórdica". Coloque cartazes em universidades locais e livrarias. Se já existir uma comunidade pagã, faça divulgação em sua hotline. Depois de conseguir abrir caminho pelas narrativas dos deuses, talvez você se sinta capaz de dizer que estaria interessado em encontrá-los de um modo mais pessoal.

Clero Pagão

Uma questão que tem estimulado muita discussão animada na comunidade gentílica é saber se precisamos formar um clero. A tradição gentílica certamente sustenta o conceito de "um sacerdócio de todos os crentes". Numa estrutura religiosa baseada na família, o pai e a mãe agem como sacerdote e sacerdotisa para seus familiares, liderando o culto e fazendo as oferendas. As fontes antigas, porém, oferecem outras possibilidades.

A Islândia Medieval dividiu o país em distritos políticos, cada qual representado por um godhi, palavra que também significa sacerdote. Na prática, o godhi fazia duas coisas: representava sua vizinhança tanto na All-thing quanto perante os deuses. O godhi era a pessoa mais respeitada do distrito, cujas qualidades de liderança e sorte levavam outros homens a lhe jurar lealdade. Era também aquele que tinha os recursos para promover as grandes festas sazonais em que se faziam oferendas aos deuses.

Embora o clero gentílico de hoje não tenha responsabilidades civis, ainda é formado pelas pessoas cuja energia, criatividade e dedicação aos deuses impelem a fundar novos clãs e inspiram outros a segui-las. Contudo, ao assumirem as responsabilidades de liderança, frequentemente descobrem que os demais estão esperando que ajam não como os godhis do século X, mas como ministros do século XXI. A cultura em que todos nós fomos criados tem uma certa imagem do que um líder religioso é e faz, e levamos nossos preconceitos conosco quando nos convertemos à nova religião.

Assim, um moderno godhi ou gythia (feminino de godhi) pode ser solicitado não apenas a planejar rituais de grupo e a ensinar o saber tradicional, mas também a oficiar casamentos e serviços fúnebres, oferecendo ainda aconselhamento pastoral. Para interagir com representantes de outros credos numa base de igualdade, precisa saber algo de teologia. Por esta razão, as pessoas que se tornaram líderes religiosos pagãos podem sentir necessidade de uma orientação adicional. No presente, o único programa de treinamento para o clero pagão de que tenho notícia é o patrocinado pela Troth.

Uma área em que os líderes pagãos podem se envolver é o trabalho com pessoas de diferentes credos. Para alguns, isto significa interagir com outros tipos de pagãos comparecendo a festivais, participando das festividades do Dia do Orgulho Pagão e assim por diante. Alguns têm oportunidade de se envolver em atividades ecumênicas com pessoas de outras religiões. Para fazer isso com eficácia, precisam manter uma mente aberta, serem articulados acerca da história e das crenças do Asatrú, além de saber o suficiente sobre as crenças de outros credos para que possam declarar a nossa de um modo que os outros compreendam.

Têm também de estar preparados para explicar por que uma "tradição religiosa pagã" não é uma contradição em termos.

Outra especialidade é o trabalho na prisão. Segundo algumas estimativas, há mais pagãos dentro da prisão que fora dela — devo enfatizar, porém, que a maioria deles só se tornou ásatrúar depois de chegar lá. Em anos recentes, pagãos encarcerados, como wiccanos e americanos nativos, têm avançado no sentido de conquistar reconhecimento e o direito de fazer cultos em conjunto. Hoje já existem vários clãs na prisão.

Os reclusos se voltam para o paganismo por uma série de razões. A ênfase na coragem, resistência e responsabilidade pessoal pode ser uma grande inspiração para aqueles que estão vivendo num ambiente extremamente hostil. É também verdade que, numa instituição, a sobrevivência pode depender de fazer alianças segundo linhas étnicas. Fui informada por um ex-presidiário de que certas autoridades da prisão encorajam as tensões raciais como meio de dividir e controlar a população carcerária. Não obstante, embora a integração dos clãs carcerários seja improvável, muitos coexistem em termos de respeito, se não de calorosa amizade, com outros grupos étnicos e credos.

Como muitas prisões estão localizadas em áreas remotas, encontrar um clero pagão que possa trabalhar com estes grupos é difícil. Muitos líderes pagãos já estão sobrecarregados tentando dar conta dos próprios clãs e simplesmente não têm tempo ou moram longe demais. Frequentemente, tudo que podemos fazer é providenciar livros e outros materiais educativos. Compreensivelmente, alguns pagãos hesitam em se envolver. Ainda assim, vários membros do clero pagão deram início a programas carcerários e estamos começando a aprender como deveríamos agir.

Pagãos Online

A difusão de informações sobre a religião germânica tem sido consideravelmente ajudada pela Internet. Se você digitar "Ásatrú" como palavra de busca, o Google lhe dará milhares de resultados. "Heathen organizations" alcançam muito mais resultados. Isto, é claro, não se limita aos verdadeiros sites patrocinados por grupos ou organizações, mas sem dúvida sugere quanta informação existe lá. Embora ainda existam muitos indivíduos e grupos pagãos isolados, eles estão cada vez mais se reunindo em associações maiores, algumas representando "denominações" pagãs específicas, enquanto outras servem como aliança de diferentes grupos ligados antes pela filosofia que pelo estilo de prática. Quando mesmo religiões bem-estabelecidas têm suas seitas, denominações e heresias, não é de espantar que a moderna religião gentílica inclua uma diversidade de práticas e opiniões.

Sobrevivendo a seu Primeiro Evento Pagão

Quando você acabar de ler este livro, talvez já tenha feito contato com um grupo pagão ou esteja na expectativa de fazê-lo. Mais cedo ou mais tarde, será convidado a participar de um sumbel. Pagãos experientes provavelmente vão rir com a lista abaixo, mas se você é novo ela pode ajudá-lo a evitar alguns problemas que diminuiriam sua satisfação. Cada sugestão feita aqui está baseada na árdua experiência de alguém. Eu gostaria de agradecer aos participantes da lista de discussão dos membros da Troth, que leram a primeira versão e contribuíram com sugestões adicionais.

Se você chegou agora à religião gentílica ou ao clã que está visitando, pergunte ao seu anfitrião ou anfitriã qual será o protocolo para o evento. Um convidado que traz uma oferenda para a festa ou um presente para o anfitrião ou anfitriã, quem se oferece para ajudar na limpeza antes ou depois do evento, e quem tenta compreender e se adaptar à "cultura" do clã hospedeiro será sempre bem-vindo.

- Quando lhe oferecerem o chifre num sumbel, vire-o para que a ponta se incline para baixo ou um pouco para o lado antes de beber. Se por alguma razão você não pode ou não deve ingerir álcool, beije o chifre para homenageá-lo, derrame um pouco no dedo e dê pancadinhas com ele na testa ou (se estiver do lado de fora) derrame um pouco no solo. Pergunte a seus anfitriões o que eles preferem. Se o chifre está sendo conduzido ao redor do círculo por uma "valquíria", devolva-o a ela. Se não, passe-o para a pessoa que estiver do seu lado.

- Você pode fazer sua prece silenciosamente, ou de forma branda, e depois dizer "Salve!". Nunca diga algo depreciativo ou ofensivo num sumbel, principalmente acerca de um dos deuses ou deusas.
- Lembre-se que, durante um sumbel, você está simbolicamente sentado no Poço do Wyrd. O que é dito num sumbel afeta não apenas seu destino, mas também o de todos os presentes, portanto tome bastante cuidado com o que diz e como diz, principalmente numa declaração de intenções que possa ser tomada como um juramento.
- Assim como você não deve invocar divindades de outros panteões num sumbel pagão, evite o fraseado de outras tradições como "Elbereth Gilthoniel*", "Bendito seja", "Merry meet",** "Amém" ou "Aleluia". (A única exceção poderia ser num evento ecumênico ou no caso de você estar participando de um sumbel como representante de outra tradição. Seja como for, discuta o que planeja com seu anfitrião ou anfitriã.)
- Em alguns grupos, o costume é ficar de pé quando se faz um brinde. Em outros você pode ficar sentado, ou então pode escolher. Pergunte a seu anfitrião qual é a preferência do grupo.
- Pergunte se deve manter sua taça ou chifre cheios e se só deve beber quando alguém faz um brinde.
- Conheça seus limites. Num sumbel aberto, o chifre pode circular muitas vezes e o conteúdo de álcool do hidromel pode ser bem mais alto do que parece. Se você já bebeu o suficiente, quando chegar sua vez beije o chifre em vez de beber.
- Se você deseja homenagear os wights,*** refira-se a eles, quando falar em voz alta, como wights da terra ou da casa, espíritos da terra, vaettir e assim por diante. É para que ninguém pense que você está brindando às "pessoas brancas".

---

* Saudação de um hino em *O Senhor dos Anéis*. (N. do T.)

** "Feliz Encontro", saudação Wicca. (N. do T.)

*** Uma palavra que soa como *whites*, brancos. (N. do T.)

- Não fale enquanto outra pessoa estiver fazendo um brinde. Se precisar deixar o sumbel, faça isso quando o chifre estiver sendo transferido de uma pessoa para outra.
- Numa volta para os deuses, limite-se a divindades do panteão germânico. Se você não tem certeza se uma divindade é apropriada, pergunte a seu anfitrião. Você também deve perguntar a seu anfitrião se é permitido homenagear Loki ou mesmo mencioná-lo. Se não tem certeza sobre a conveniência de reverenciar um determinado deus ou deusa, você pode dizer "Salve o Aesir e o Vanir!" ou "Salve a Digna Família!"
- Numa volta para os ancestrais, a pessoa que você homenageia deve estar morta. Se também estão incluídos heróis, você pode brindar a uma pessoa viva, mas não deixe de declarar se a pessoa é viva ou falecida. Não homenageie uma personalidade que é conhecida como personagem de ficção, por mais que você a admire. Tudo bem com Beowulf, mas provavelmente não com Xena (embora você possa brindar à atriz que desempenha o papel). Um brinde padrão é "Salve os ancestrais!" ou "Salve o Alfar e o Disir!"
- Em certos clãs, a terceira volta é para histórias ou canções. Se assim for, que elas sejam breves e centradas. Um brinde genérico para a terceira volta poderia ser "Salve o anfitrião!", "Salve a nossa gente!", "Salve os que estão reunidos neste salão!"
- Peça licença antes de tocar ou usar o chifre, os acessórios rituais ou as armas de outra pessoa.
- A hospitalidade é uma virtude pagã, mas também a obrigação de ser um bom convidado. Cuide de suas coisas, ofereça-se para ajudar na limpeza e não beba toda a cerveja. Se tem problemas dietéticos, dê uma olhada no cardápio antecipadamente ou traga algo que você sabe que pode comer.

Organizações

Muitos indivíduos e grupos pagãos estão isolados, mas um número crescente tem julgado vantajosa a associação com organizações maiores. Em ordem alfabética, seguem-se algumas das mais visíveis organizações Asatrú atuantes em 2006. Todas estas organizações têm sites na Internet e uma pesquisa na web com a palavra "Asatrú" mostrará inúmeras outras. A situação, é claro, está constantemente evoluindo, mas isto vai servir como primeiro passo.

AMERICAN VINLAND ASSOCIATION

www.freyasfolk.org
PMB 165
537 Jones St.
San Francisco, CA 94102

Talvez a AVA seja a mais universalista das organizações Asatrú ativas. Seu estatuto declara que:

> A American Vinland Association (AVA) existe para promover o restabelecimento das antigas religiões da Europa Pagã central e do norte e proporcionar credenciamento, suporte e apoio de rede aos participantes pagãos ligados a essas tradições do norte e da Europa central. Como tal, nossas definições de "Tru" e "religião" são amplas e inclusivas. Se você diz que é Tru, então você é Tru aos nossos olhos. Asatrú, Vanatru, tradições finlandesas, suecas, polonesas e siberianas nativas, para nomear algumas, estão representadas entre nossos associados.

Fundada pela sacerdotisa Prudence, a organização é administrada por uma junta que patrocina eventos e credencia clérigos. A AVA publica a newsletter trimestral *Yggdrasil* e um "Jarbok" anual. É mais atuante no norte da Califórnia, onde a cada julho patrocina um acampamento.

ALIANÇA ASATRÚ

www.Asatru.org
PO Box 961
Payson, Arizona 85547

A Aliança Asatrú foi fundada por Valgard Murray em 1988, depois que a Livre Assembleia Asatrú se dispersou, e recolheu muitos de seus membros. Sediada em Payson, no Arizona, a AA é governada por um congresso de representantes de seus clãs membros, chamado Althing. Para juntar-se a ela a pessoa tem de estar associada a um clã membro. Segundo Murray, "o Clã Asatrú é o alicerce da nova Nação Asatrú e, como tal, é o campo de provas para as novas tribos do nosso Povo. No futuro próximo, o Clã mostrará ser a entidade viva que sobreviverá ao furioso ataque do Ragnarök".

O programa de publicação da Aliança é chamado Worldtree Press. O selo publica uma série de livros e folhetos, produz adereços do grupo e mantém a revista *Vor Tru*. A AA se caracteriza como essencialmente conservadora, mas libertária em termos de atitude, embora não política. Seus estatutos definem Asatrú como a religião étnica dos povos do norte da Europa.

A lista de clãs membros inclui cerca de quinze a vinte clãs que são membros plenos, outros dez num período de experiência e mais de dez em aliança. Tem sido relatado que a Aliança Asatrú se considera a única organização Asatrú verdadeira, com autoridade para excluir indivíduos. Este modo de ver não teria o apoio da maioria das outras associações pagãs.

ÁSATRÚARFÉLAGIDH (ISLÂNDIA)

aaa.Asatru.is/english/AboutUs.html
Sidumúli 15
108 Reykjavik, Iceland

Esta é a organização Asatrú islandesa fundada por Sveinbjörn Beinteinsson. Suporte estatal permite que a organização tenha seus próprios escritórios e um espaço para encontros em Reykjavik. Muitos islandeses têm se registrado como ásatrúar, mas nem todos são participantes regulares. O grupo patrocina cursos e atividades de culto. Em 2000, acolheu um festival Asatrú internacional. Como a maioria dos islandeses mais jovens fala um bom inglês, vale a pena tentar entrar em contato com eles se você estiver visitando a Islândia.

www.runestone.org
Ásatrú Folk Assembly
PO Box 445
Nevada City, CA 95959

Os objetivos da AFA, como relacionados em sua Declaração de Princípios, são:

> A prática, promoção, desenvolvimento e disseminação da religião do Asatrú, a preservação dos Povos do Norte (tipificados pelos povos escandinavos/germânicos e celtas) e o favorecimento de sua evolução contínua, o lançamento de uma chamada a todos os nossos irmãos e irmãs do Povo do Norte para retornar a isto, sua religião nativa e seu estilo de vida, a restauração da comunidade, o banimento da alienação e o estabelecimento de naturais e justas relações entre nosso povo, a promoção da diversidade entre os povos e culturas da Terra em oposição à monocultura global, a criação em nosso povo de um profundo amor pela liberdade e um ódio contra todas as formas de tirania, o uso da ciência e tecnologia para o bem-estar de nosso povo, sempre protegendo o ambiente natural em que vivemos e trabalhando em harmonia com ele, a exploração do universo, coordenada com os ousados imperativos de nossa espécie... e a afirmação da eterna luta e canseiras da vida, a saudação desta briga como um desafio, a experiência de viver integralmente e com alegria, e de encarar a eternidade com coragem.

Como estas metas devem deixar claro, a AFA se define como um renascimento da espiritualidade nativa da Europa ocidental, uma religião que pertence ao povo do tronco europeu nativo do mesmo modo como religiões tribais tradicionais pertencem especificamente aos americanos nativos. Declara que se opõe ao ódio racial e homenageia outras religiões nativas. McNallen ganhou publicidade nacional em meados da década de 90 quando reivindicou o homem de Kennewick (um corpo de 9000 anos de idade encontrado no estado de Washington) como um ancestral tribal europeu.

ÁSATRÚ FORNA SEDEN — EUA (SOCIEDADE PELO MODO ANTIGO)

Heimdallr Thorrvin
Asatru.com

A Forna Seden procura reconciliar todas as antigas tradições do Asatrú e despertar novamente as velhas crenças e ensinamentos religiosos germânicos. É, provavelmente, de todas as organizações contemporâneas do Asatrú, a mais decididamente oposta ao racismo, à homofobia, ao nazismo e à intolerância.

ELDARING

www.eldaring.de/content/index.php
Uma organização pagã alemã, inspirada pela Troth.

FORENINGEN FORN SED

www.forn-sed.no/main/english/english.htm

Foreningen Forn Sed é uma organização Asatrú norueguesa, reconhecida pelo governo e explicitamente não racista. Seu objetivo é manter vivas as antigas tradições, crenças e costumes, promovendo o interesse pela fé popular e pela herança cultural nórdica. Com exceção da declaração introdutória na página em inglês, o conteúdo está em norueguês.

FRIGGA'S WEB

www.friggasweb.org
PO Box 701
Carlisle, MA 01741-0701

Um "ponto de convergência para todo o povo pagão", Frigga's Web foi organizada para reverenciar a deusa Frigga e promover o exercício de artes e ofícios práticos num contexto de convergência ou cooperação pacífica. Como tal, está aberta a pagãos de todos os tipos, desde que eles deixem suas políticas na porta. Está organizada em corporações e guildas, cada qual dedicada a um aspecto diferente da comunidade, cultura e organização gentílicas. É coordenada por membros de um conselho diretor e um provedor. Publica a revista *Lína*.

GERING THEOD

www.ulfar.org/links.html
Theod
PO Box 8062
Watertown, NY 13601

Antigo Winland Rice, este foi o primeiro grupo teodista, fundado em 1976 por Garman Lord, que ainda ocupa o cargo de seu rei. O teodismo se define como "retropaganismo" e se dedica a praticar o culto de uma forma autêntica, tradicional, tribal, o mais próximo possível dos costumes antigos. O Alto Teodismo é a forma original praticada pela Gering, enquanto o Grande Teodismo se refere às suas ramificações. A Gering mantém um registro dos grupos que deveriam ser considerados autenticamente teodistas. A organização tem elevados padrões de cultura e estimula o estudo e uso do inglês arcaico. Suas muitas publicações estão disponíveis em seu Acervo de livros.

IRMINEN-GESELLSCHAFT

www.irminenschaft.net
PO Box 350
Sewell, NJ 08080

Também chamado irminismo, o Irminen-gesellschaft tira seu nome do velho pilar sagrado saxão chamado Irminsul e extrai sua prática e terminologia das tradições tribais da Alemanha. Ele se define como "a materialização da expressão gentílica germânica, como ela sobreviveu e se desenvolveu durante a lenta passagem das épocas — em suma, a expressão religiosa-gentílica dos que nos saúdam das linhagens de sangue de descendência germânica". Acreditando que os que descendem de outros grupos étnicos deveriam "cavar de seus próprios poços", o Irminengesellschaft publica a revista *Zeitgeist* e outros materiais.

IRMINSUL AETTIR

www.irminsul.org/ir/ir.html
Irminsul Aettir
PO Box 3312
Renton, WA 98056

O Irminsul Aettir é uma associação de ásatrúar que trabalham juntos para compartilhar recursos, fomentar oportunidades educacionais e promover a religião. "Reconhecemos que a força do Asatrú está em sua diversidade e conexões com o passado. Consideramos o indivíduo e a família dele ou dela como a mais importante unidade do Asatrú, seguida pelas organizações do tipo família extensa, como os clãs." O Irminsul patrocina uma lista na Internet, um site informativo e uma Althing anual e aberta.

MIDGARD'S WEB

www.astradyne.co.uk/midgard/events.html
Um site listando eventos pagãos no Reino Unido.

MIERCINGA RICE

www.ealdriht.org

Uma das mais destacadas ramificações do movimento teodista de Garman Lord é a Miercinga Rice, que se originou da Angelseaxisce Ealdrhit fundada por Swain Wodening e Eric Wodening. O grupo é "dedicado ao estudo, restauração e prática da religião pré-cristã dos Anglos do Reino de Mércia (um dos sete reinos da Heptarquia Anglo-Saxã) e do Gentilismo Anglo-Saxão em geral".

A Rice segue, em suas formas anglo-saxãs, a maioria das divindades cultuadas pelos outros pagãos. Compartilha com outros grupos teodistas o conceito de um rei sagrado que encarna a sorte da tribo, uma sociedade estruturada cujos membros conquistam suas posições sociais e uma rede de membros atados por juramentos. A Miercinga Rice tem três classes: *ceorls* (trabalhadores), que só são responsáveis por suas próprias casas e famílias; *thegns* (thanes),* que cuidam do culto e mantêm o funcionamento da tribo; e *ealdormen,*** que são os administradores. Os recém-chegados se tornam membros estagiários pelo período de um ano, prestando serviços e aprendendo, até saberem o suficiente para prestar juramento a um membro de categoria mais elevada. Esta teia de juramentos sustenta e conecta a tribo. A Rice está dividida em grupos regionais chamados *saetan*, cujos líderes servem no Witanegemót ou conselho gestor, que é presidido pelo *dryhten*. Os saetes consistem de grupos e clãs familiares locais.

NÄTVERKET FORN SED SWEDEN (REDE FORN SED)

www.fornsed.se (clique no ícone da bandeira britânica para a versão em inglês)

A Rede Forn Sed é uma associação de grupos locais sem uma autoridade central que tome decisões online. Os grupos são autônomos, mas abrem suas atividades a membros de outras redes. A Forn Sed tem uma posição explícita contra o racismo, a homofobia e o dogmatismo:

> Veneramos e fazemos oferendas aos Deuses e a outros seres no mundo à nossa volta: Wights, Elfos e Ancestrais. Nossa religião é uma resposta ao encontro da humanidade com o espiritual através das gerações. Estes encontros e a compreensão que nossos ancestrais tinham

* Cavaleiros. (N. do T.)
** Autoridades máximas dos distritos da Inglaterra anglo-saxã. (N. do T.)

deles transformaram-se nesta religião. Sentimos, portanto, um laço espiritual com todas as outras religiões formadas desta maneira, sejam elas chamadas de xintoísmo, hinduísmo, romuva ou qualquer outra coisa. Empenhamo-nos para criar uma relação íntima com os Deuses e outras entidades à nossa volta.

DE NOORDSE TRADITIE

www.hetrad.nl
Het Rad — De Noordse Traditie
Postbus 431
3300 AK Dordrecht, Netherlands

Het Rad é uma rede para a Tradição do Norte nos Países Baixos. Responde por um site e fins de semana no solstício de verão.

RITO ODINISTA

www.odinic-rite.org
BCM Runic
London, WC1N 3XX, United Kingdom

Odinic Rite (Vinland Regional Office)
PO Box 351
Brush Prairie, WA 98606

O Rito Odinista tem sua sede na Inglaterra e ramificações estatutárias no Canadá, França e Alemanha, assim como nos Estados Unidos. Importantes líderes pioneiros foram Alexander Rud Mills e Else Christensen. É atualmente dirigido por um Conselho de Sacerdotes. O Rito tem a revista *ORBriefing* e edita outras publicações. Qualquer um com mais de doze anos pode associar-se como membro aprendiz. Para se tornar um membro pleno, a pessoa tem de ser apadrinhada por outro membro e fazer um juramento irrevogável de fé. Os membros podem participar como indivíduos ou formar *hearths*, que também incluem não membros. Os *garths* consistem apenas de membros. O estudo das runas é particularmente encorajado.

De acordo com o godhi Hengest, membro do conselho, "não há nada que defina mais claramente uma Identidade Popular que sua religião natural. A religião orgânica de qualquer povo definirá sua Identidade e condensará mais que qualquer outra coisa o potencial do grupo étnico. Porque é a soma dessa etnia, da experiência compartilhada e da sabedoria dessa etnia".

RUNE GILD

www.runegild.org
PO Box 7622
University Station
Austin, TX 78713

Fundada e dirigida por Edred Thorsson, a Rune Gild [Guilda das Runas] é uma escola esotérica com um currículo classificatório. O sistema básico é descrito em *The Nine Doors of Midgard*, de Thorsson, que fornece o currículo para o Salão Cósmico. Os estudantes atravessam os graus iniciatórios de aprendizes, jornaleiros e mestres. Quem começou a participar da guilda tem de ter um padrinho para tornar-se membro. Têm sido abertos grêmios da Rune Gild nos Estados Unidos, Canadá, Inglaterra e Austrália.

STAV

www.stav-UK.com
Contato nos Estados Unidos: Ice and Fire, USA
www.stav-USA.com
6731 Jefferson St.
Haymarket, VA 20169

Stav é um sistema mente-corpo-espírito baseado em conceitos cultivados desde os tempos medievais pela família Hafskjold, da Noruega, e desenvolvidos num sistema prático por Ivar Hafskjold, que está agora sediado no Reino Unido. A formação inclui posturas rúnicas e outras disciplinas. Um sistema de iniciações conduz o estudante através de cinco "classes". O conteúdo inclui saúde, cura, magia e filosofia, artes marciais e outras especialidades. Os cursos são ministrados por instrutores treinados pela Stav. Também estão disponíveis cursos a distância.

THE TROTH

www.thetroth.org
PO Box 1369
Oldsmar, FL 34677-1369

A Troth foi fundada em 1987 por Edred Thorsson e James Chisholm para seguir a Fé Antiga do Aesir e do Vanir. Durante algum tempo, foi também conhecida como "Anel da Fé". Desde então se transformou numa organização internacional, que está se empenhando em servir como "um recurso para toda a comunidade gentílica" e tem membros que se consideram étnicos, assim como tem universalistas, ásatrúar, teodistas ou simplesmente pagãos. A Troth dá franca acolhida a todos que veneram os deuses e deusas do norte, independentemente de raça, gênero ou orientação sexual.

A Troth é administrada por uma junta de diretores eleitos, conhecida como Alto Conselho e encabeçada por um timoneiro ou timoneira. A Troth publica a revista trimestral *Idunna* e outros materiais sobre diferentes aspectos do paganismo, que estão disponíveis em seu Acervo de Livros. Ela também patrocina um programa de formação de sacerdotes. A Troth é uma organização de membros individuais, embora também existam clãs afiliados. Os membros se comunicam através de uma animada lista na Internet. Comissários regionais proporcionam informação e fomentam contatos entre pagãos nas suas respectivas áreas. A Troth realiza todo ano, em junho, um encontro nacional chamado Trothmoot [Assembleia da Gente da Troth].

Recursos

Uma lista inicial de Livros

TEXTOS BÁSICOS

Faulkes, Anthony, trad., *Edda*. Londres, Everyman, 1987. Também conhecida como *Edda em Prosa*, é a mais completa tradução inglesa da primeira tentativa de recontar os mitos e a tradição.

Hollander, Lee, trad., *A Edda Poética*. Austin, Universidade do Texas, 1986. A tradução inglesa mais amplamente disponível dos poemas mitológicos. A linguagem é um tanto exuberante, mas funciona bem no ritual.

The Sagas of the Icelanders, Londres, Penguin, 1997. Uma dezena das sagas mais importantes e seis contos. Escritos a mais ou menos um século dos eventos que relatam, as sagas são nossa melhor fonte de informação sobre como o povo da Era Viking vivia e pensava. São também uma leitura divertida.

PRÁTICA DO PAGANISMO

A Book of Blóts, Berkeley, CA: The Troth, 2004 (P.O. Box 1369, Oldsmar, FL 34677). Coleção de artigos sobre construção ritual pagã e exemplos de rituais para cada ocasião.

Chisholm, James, *True Hearth*, Smithville, TX, Rûna-Raven Press, 1993, www.geocities.com/runegildusa/RunaRaven. Rituais e práticas para o lar pagão.

Gundarsson, Kveldulf, org. *Our Troth*, vols.1-2, Charleston, SC, Booksurge, 2006. O mais abrangente compêndio de história, sabedoria e prática pagãs atualmente disponível — a última parada antes de você começar a penetrar em fontes primárias. Para informações sobre encomendas, ver www.thetroth.org.

Gundarsson, Kveldulf, *Teutonic Religion*, St. Paul, Minnesota, Llewellyn, 1993, Troth Books. Um bom estudo sobre como praticar a religião.

Krasskova, Galina, *Exploring the Northern Tradition*, Franklin Lakes, NJ, New Page, 2005. Uma introdução acessível aos deuses, modos de cultuá-los e de trabalhar com eles; também uma boa fonte de informação sobre o teodismo.

MAGIA DO NORTE

Aswynn, Freya, *Northern Mysteries and Magic*, St. Paul, Minnesota, Llewellyn, 1990. Uma introdução ao trabalho com runas de uma perspectiva mística.

Gundarsson, Kveldulf, *Teutonic Magic*, St. Paul, Minnesota, Llewellyn, 1990, Troth Books. Uma excelente introdução com meditações particularmente boas.

Kodratoff, Yves, *Nordic Magic Healing*, Forlag, Noruega, Universal Publishers, sem data, www.nordic-life.org/nmh. Práticas de cura usando associação de runas e técnicas energéticas.

Paxson, Diana L., *Taking up the Runes*, Boston, Weiser, 2005. Uma introdução às runas com meditações, rituais e encantamentos para cada uma delas, juntamente com um exame da cultura e dos mitos relacionados.

Thorsson, Edred, *Futhark*, Boston, Weiser, 1988; *Runelore*, Boston, Weiser, 1987; e *At the Well of Wyrd*, Boston, Weiser, 1989. Esses três trabalhos introduzem a teoria e prática do conhecimento das runas. Para outras obras de Thorsson, acessar a Rûna-Raven Press,www.geocities.com/runegildusa/RunaRaven.

Crossley-Holland, Kevin, *The Norse Myths*, Nova York, Random House, 1981. Boa introdução aos mitos e lendas nórdicos.

Davidson, Hilda R. Ellis, *Gods and Myths of the Viking Age*, Nova York, Barnes & Noble, 1996 (originalmente editado por Penguin como *Gods and Myths of Northern Europe*, frequentemente disponível em sebos de cidades universitárias). Procure também *The Lost Beliefs of Northern Europe*, Nova York, Routledge, 1993, ou qualquer outra coisa escrita por esta autora.

Música Pagã

CLÁSSICA

Wagner, Richard, *O Anel dos Nibelungos* (*Das Rheingold, Die Valküre, Siegfried, Götterdammerung*). Especialmente a produção da Metropolitan Opera, disponível em DVD com subtítulos [em inglês] da Deutsch Gramophon.

As óperas do *Anel* de Wagner continuam sendo o exemplo mais notável de música religiosa pagã. Sabe-se de cantores relatando que atuar nessas óperas era "uma experiência religiosa" e pagãos que gostam de música clássica são seus fãs devotados (embora tenhamos sido obrigados a proibir a execução de "Call to the Mists" do *Das Rheingold* nas assembleias, porque a música tende a chamar chuva). O trabalho de Edvard Grieg, Johen Halvorsen, Jean Sibelius e outros compositores das escolas "nacionalistas" escandinavas também pode ser usado nas reuniões dos clãs para criar o clima certo.

FOLK, FOLK ROCK E "METAL VIKING"

A Northside, uma gravadora sediada em Mineápolis, no Minnesota, www.noside.com, oferece uma excelente série de CDs com antologias de Raízes Nórdicas, introduzindo o rico arranjo da música nórdica.

GRUPOS A PROCURAR

Leaves' Eyes, Frigg e Germany's Falkenbach (que foram pioneiros no "Folk Metal"). O Metal Viking está representado por Bathory, Enslaved e Einherjer. O Folk Metal por Aly Bain e Ale Moller, pelo grupo finlandês Amorphis e pelo Bukkene Bruse norueguês. Para um som mais antigo, há grupos como o Krauka e o conjunto Sequentia, liderado pelo musicólogo Benjamin Bagby, que se especializa em apresentações de material antigo, como as *Eddas* e *Beowulf*, com instrumentos medievais.

Informação, Publicações e Acessórios

LIVROS

Anglo-Saxon Books, www.asbooks.co.uk
Northvegr Foundation, www.northvegr.org
Rûna-Raven Press, www.RunaRaven.com
Theod, www.theod.net
The Troth, www.thetroth.org, também publica a revista trimestral *Idunna.*

ESTÁTUAS

Sacred Source, www.sacredsource.com

MÚSICA

Informação geral, groups.yahoo.com/group/havamal_studies
Música de Raízes Nórdicas, www.noside.com

Bibliografia

Bauschatz, Paul C., *The Well and the Tree: World and Time in Early Germanic Culture*, Amherst, University of Massachusetts Press, 1982.

Blain, Jenny, *Wights and Ancestors*, Devizes, Reino Unido, Wyrd's Well, 2000.

Bonewits, Isaac, *Witchcraft: A Consise Guide*, Earth Religions Press, 2001.

A Book of Blóts, Berkeley, CA, The Troth, 2004.

Cleasby, Richard e Gudbrand Vigfusson, *An Icelandic-English Dictionary*, Oxford, Reino Unido, Clarendon Press, 1874.

Dumézil, Georges, *Gods of the Ancient Northmen*, Berkeley, University of California Press, 1973.

Faulkes, Anthony, trad., *Edda*, Londres, Everyman, 1987.

Geary, Patrick J., *Before France and Germany: The Creation and Transformation of the Merovingian World*, Nova York, Oxford University Press, 1988.

Gelling, Peter e Hilda R. Ellis Davidson, *The Chariot of the Sun and Other Rites and Symbols of the Northern Bronze Age*, Nova York, Praeger, 1969.

Gundarsson, Kveldulf, org. *Our Troth*, vols. I e II, Charleston, SC, Booksurge, 2006.

Greer, John Michael, *A World Full of Gods: An Inquiry into Polytheism*, Tucson, Arizona, ADF, 2005.

Griffiths, Bill, *Aspects of Anglo-Saxon Magic*, Norfolk, Reino Unido, Anglo-Saxon Books, 2003.

Grimm, Jacob, *Teutonic Mythology*, Nova York, Dover, 1844.

Hollander, Lee, trad., *The Poetic Edda*, Austin, University of Texas Press, 1986.

Hutton, Ronald, *Triumph of the Moon: A History of Modern Pagan Witchcraft*, Nova York, Oxford University Press, 2004.

Idunna 63 (Primavera 2005).

Kvideland, Reimund e Henning K. Sehmsdorf, orgs., *Scandinavian Folk Belief and Legend*, Mineápolis, University of Minnesota Press, 1988.

Lynch, Laure, *Othroerir*, LuluPress, 2005.

McNeill, Florence Marian, *The Silver Bough III*, Glasgow, William Maclellan, 1961.

Morris, William, trad., *Volsungasaga*, Nova York, Collier Books, 1962.

Musset, Lucien, *The Germanic Invasions: The Making of Europe*, Nova York, Barnes & Noble, 1993.

North, Richard, org., *The* Haustlöng *of Pjóôófr of Hvinir*, Middlesex, Reino Unido, Hisarlik, 1997.

Pálson, Herman e Paul Edwards, trad., *Eyrbyggjasaga*, Nova York, Penguin, 1972.

Paxson, Diana L., *Brisingamen*, Nova York, Berkley Books, 1983.

______, "Earth Religion and the Troth of the North", *Mountain Thunder* 6 (1992), www.hrafnar.org/norse/hail-earth.html.

______, "Freyja", *Sagewoman* (Verão, 2002).

______, "Frigga", *Sagewoman* (Outono, 1994).

______, "Sex, Status and Seidh: Homosexuality in Germanic Religion", *Idunna* 31 (1997), www.seidh.org/articles/sex-status-seidh.html.

______, "Sif", *Sagewoman* (Verão, 2005).

______, "Worshipping the Gods", *Idunna* 20 (1993), www.hrafnar.org/norse/worship.html.

Price, Neil S., *The Viking Way: Religion and War in Late Viking Age Scandinavia*, Uppsala, Suécia, Universidade de Uppsala, Departamento de Arqueologia e História Antiga, 2002.

The Sagas of Icelanders, Londres, Penguin, 1997.

Sawyer, P. H., *Kings and Vikings: Scandinavia and Europe, A.D. 700-1100*, Londres, Methuen, 1982.

Spanuth, Jürgen, *Atlantis of the North*, Londres, Sidgwick and Jackson, 1979.

Speer, Albert, *Inside the Third Reich: Memoirs*, Nova York, Macmillan, 1970.

Steigmann-Gall, Richard, *The Holy Reich: Nazi Conceptions of Christianity, 1919-1945*, Cambridge, Massachusetts, Cambridge University Press, 2003.

Stenton, Frank M., *Anglo-Saxon England*, 3ª ed., Oxford, Reino Unido, Clarendon Press, 1971.

Sturlusson, Snorri, *Heimskringla*, Nova York, Dover, 1990.

Sykes, Brian, *The Seven Daughters of Eve*, Nova York, Bantam, 2001.

Tácito, *The Complete Works of Tacitus*, org. e trad. por Moses Hadas, Nova York, Modern Library, 1942.

Thorsson, Edred, *Futhark: A Handbook of Rune Magic*, New Beach, ME, Weiser, 1984.

Wagner, Richard, *The Ring of the Nibelung*, trad. Stewart Robb, Nova York, Dutton, 1960.

Wallace-Hadrill, J. M., *The Barbarian West, 400-1000*, Oxford, Reino Unido, Blackwell, 1985.